네 어린 자녀들의 생명을 위하여
주를 향하여 손을 들지어다

아이를 단단히 무장시켜 세상에 내보내야 하는데
그저 여린 모습에 주님 앞에 나아가 눈물만 흘립니다
자녀를 향한 사랑은 측량할 수 없이 크지만
삶의 한계에 부딪혀 힘겨워하는 부모에게 이 책을 전합니다

하나님의 말씀으로 살리는 축복의 단비

자녀말씀기도문

권윤정 지음

비홀드

들어가는 글

자녀가 그리스도의 형상을 이루기까지
또다시 해산하는 기도의 수고를 아끼지 않겠습니다

엄마가 되어 가장 크게 배운 것이 있다면 짧고 부족한 제 손의 무능함이었습니다. 어느덧 기도보다 훈계가 먼저 나가는 제게 자녀기도문 의뢰는 제 삶의 기도생활을 점검하는 귀한 계기가 되었습니다.

자녀의 온몸과 마음이 주 뜻 안에 바르게 사용되길 원하는 것, 그것은 모든 믿는 부모의 바람일 것입니다. 주님은 이 바람을 어떻게 기도문에 담아야 할까 고민하는 제게 마음의 소중함을 일깨워 주시며 보이지 않는 마음의 영역에서부터 생각과 보이는 신체의 영역들까지 품게 하셨습니다. 이렇게 기도문이 하나하나 써내려져 갈 때마다 "와! 이렇게 다양한 소재와 영역들에 대해 기도할 수 있구나" 하며 제 안에서부터 더욱 기도에 힘쓰고 싶은 마음이 일어남을 경험했습니다. 주님의 마음과 생각으로 가득 채워진 자녀의 삶, 그리고 그 마음과 생각이 손과 발을 움직여 주께 영광 돌리는 자녀의 삶, 부모인 우리가 그보다 더 나은 것을 꿈꿀 수 있을까요!

주님은 그분의 소중한 자녀를 우리에게 맡기셨습니다. 그러므로 우리는 믿음의 길을 내어 자녀들이 그 길을 함께 걸어갈 수 있도록 돕고, 그 누구보다 자녀를 위해 더욱 기도하고 주께 간구하며 나아가야 합니다. 그런데 문제는 어떻게 기도해야 할지 몰라 이내 어려움에 부딪히고 만다는 것입니다. 우리가 이때를 돌파하기 위해서는 하나님의 말씀으로 돌아가야 합니다. 그 약속의 말씀을 붙들고 말씀의 언어로 기도해야 합니다.

저는 하나님의 말씀을 중심으로 자녀의 마음에 대하여, 생각에 대하여, 온몸의 각 지체에 대하여 살피고 묵상하기 시작했습니다. 찾으면 찾을수록 보화를 캐내듯 발견되는 성경말씀을 마주하며 그동안 참 무심히 기도했구나 싶어 정신을 바짝 차리기도 했습니다. 그렇게 기도로 더 깊이 나아가다 보니, 아이의 눈이 보지 말아야 할 것을 보고 아이의 발이 머물러선 안 되는 곳에 머무르고 아이의 마음이 주님께로 향하지 않음을 볼 때마다 "엄마, 기도해주세요!"라고 요청하는 아들의 음성이 들리는 듯했습니다. 어느 부모가 그 외침을 듣고 기도의 자리를 찾지 않을 수 있을까요. 아침 등굣길에 나서는 아이의 옷을 준비하듯, 아이가 살아갈 삶의 터전에서 필요한 기도의 옷을 입혀 주는 일의 중요함을 날이 갈수록 더욱 느낍니다.

"아이가 두 눈을 통하여 보는 모든 것을 주의하고 분별할 수 있도록 도와주세요. 말씀의 기준을 따라 선한 것 보기를 힘쓰게 해주세요. 주의 교훈으로 아이를 인도해주시고 그의 평생에 하늘에서도, 땅에서도 사모할 자가 주밖에 없음을 고백하며 살아

가게 해주세요." 본문 중

이것은 저희 부부의 인생구절(life verses)이기도 합니다. 자녀의 눈도 이와 같기를 소원하며 기도문을 썼습니다. 그리고 이렇게 기도하는 부모로 살고 싶습니다.

"주의 뜻 가운데 하루를 살며 맡겨진 일과들을 온전히 끝내는 성실한 발을 허락해주세요. 날마다 주께로 더 가까이 나아가는 발이 되게 해주세요. 포기하지 않고 믿음의 경주를 완주하는 충성스런 발이 되게 해주세요." 본문 중

우리가 주를 의지함으로 "자녀가 그리스도의 형상을 이루기까지 또다시 해산하는 수고를 아끼지 않으리라" 굳게 다짐하길 원합니다. 이것이야말로 오직 부모만이 할 수 있는 특권입니다. 우리는 하나님의 사랑을 가장 가까이에서 느끼게 해주는 부모로서 결코 기도하는 일에 대하여 물러서지 말아야 합니다.

주께서 부족한 우리 안에 인내와 사랑의 마음이 더욱 커져갈 수 있도록 붙들어 주시기를 간구합니다. 하나님의 말씀을 따라 드린 기도가 아이 삶에 실체가 되기까지 기도의 짐을 기꺼이 지는 부모가 되길 소망합니다. 이 책이 자녀를 위하여 기도하기 원하는 모든 부모에게 유익한 도구가 되기를 바라며 이 일을 마치게 하신 주님께 영광을 돌려 드립니다.

Part 3 몸의 각 지체를 축복하는 말씀기도

하나님, 우리 아이의 온몸을 강건케 해주세요

단비처럼 촉촉이 스며드는
자녀말씀기도문 안내서

'단비'(shower)는 모든 메마른 곳을 적셔 줍니다. 그 충분한 비는 가뭄의 시대를 끝내고, 곤한 마음에 기쁨과 만족을 주고, 메마른 가지에 결실을 풍성히 주고, 척박한 삶을 기름지게 해줍니다. 단비는 곧 하나님의 은총이며 소생시키시는 주의 교훈입니다.

자녀말씀기도문은 이러한 단비의 축복을 담아 각 단계의 문을 엽니다. 이 책의 모든 구성과 단어 하나하나가 자녀와 부모의 심령에 촉촉이 스며드는 단비처럼 내리길 소망합니다.

STEP 1 오늘의 기도제목과 중심말씀

· **1일 1기도문, 40일 구성**으로 자녀를 품에 안고 깊이 기도하고 묵상할 수 있도록 인도합니다. 성경 속 구원의 방주 안에서의 노아의 40일, 하나님의 계명을 받은 모세의 40일, 하나님의 산을 향해 나아간 엘리야의 40일, 공생애를 준비하신 예수님의 40일을 기억하며 **사랑하는 자녀를 위하여 주 앞에 무릎 꿇는 40일**을 결단하세요. 기도의 날을 선포하고 거룩히 구분하세요.

· 말씀기도문의 큰 주제인 자녀의 **마음·생각·온몸을 구체화하고 세분화하여 정한 기도제목**입니다. 한 줄 기도를 통해 오늘의 주

제가 마음에 자연스레 심겨집니다.

· **기도의 주제를 담은 중심말씀**으로 자녀와 함께 암송하셔도 좋
습니다.

STEP 2 마음을 두드리는 단비 메시지

기도를 드리기에 앞서 마음을 열어 집중할
수 있도록 돕고, **기도의 동기와 목적을 주의
말씀에서 발견하도록 인도**합니다. 때론 잔
잔하게, 때론 강하게 전해지는 메시지를 통
하여 주님의 마음을 구하고 기도의 문이 열
리길 소망합니다.

STEP 3 촉촉한 단비 기도

**기도문의 한 절마다 생명
의 말씀**이 담겨 단비처럼
내립니다. 우리의 좁고 불
안정한 생각이 아닌 영원
하고 신실한 주의 말씀을
붙들고 선포하며 기도합

니다. 자녀의 이름을 넣어 기도하거나 **성령님의 이끄심을 따라 부모의 기도**를 이어가도 좋습니다. **주의 말씀으로 기도**하며 진정한 기도의 능력을 체험하길 소망합니다.

STEP 4 더 깊은 기도로 이끄는 단비 말씀

기도문에 담긴 각각의 성경구절로 더 깊은 기도, 응답받는 기도의 자리로 나아가게 합니다. 구절들은 기도의 흐름 순 등으로 정렬되어 있습니다. 하나님은 주의 말씀을 주야로 읊조리며 기도하는 가운데 **우리 자녀들을 '복 있는 사람'으로**, 말씀의 검을 들고 악한 영을 대적하는 **'주의 용사'**로, 깨어 신랑을 맞는 **'주의 신부'**로 세워주실 것입니다.

STEP 5 부모를 안아주는 단비 축복

부모를 위한 공간입니다. 자녀 기도를 마친 후, **부모 자신을 말씀으로 세우고 위로하고 축복**합니다. 나를 향한 하나님의 생각이 평안이요 미래에 대한 소망을 주는 것임을 확신하며 **주 품에 안겨 쉼을 얻습니다.** 하단 노트에 오늘의 고백, 결단, 묵상 등을 자유롭게 적습니다.

STEP 6 40일 단비 챌린지

하루의 기도를 다 마친 후, 앞표지 날개에 있 **는 체크박스에 날짜를 적고 표시**합니다. 이 는 작정기도의 결단이 무너지지 않도록 하 는데 도움을 줍니다. **동역자들과 이 책으로 함께 기도하며 진행 상황을 공유**하면 더욱 힘이 되고 도전이 됩니다. 자녀를 위하여 무릎 꿇는 40일, 기도가 삶의 가장 거룩한 습관으로 자리 잡을 것입니다.

"내 교훈은 비처럼 내리고 내 말은 이슬처럼 맺히나니
연한 풀 위의 가는 비 같고 채소 위의 단비 같도다."

신명기 32:2

Part 1

마음을 어루만지는 말씀기도

하나님, 우리 아이의 마음을 지켜 주세요

마음에 대하여

자녀의 마음을 지키는 기도는
양육의 첫 걸음입니다

하나님은 우리에게 "무릇 지킬 만한 것보다 더욱 네 마음을 지
키라"고 말씀하십니다. 이는 우리 마음에서 '생명이 흘러나오
기' 때문입니다. 그래서 마음을 지킨다는 것은, 곧 생명을 지키
는 것과 같습니다.

마음은 생명이 흘러나오는 곳일 뿐 아니라 '삶을 경영하는 곳'
입니다. 마음에서 삶의 원칙들이 만들어지고 행동을 결정지어
내보내기 때문입니다. 이는 마음이 결정한 대로 우리 삶이 살
아진다는 뜻이고, 그 힘을 의지한 모든 활동이 한 사람의 인격
과 삶을 결정짓는다는 의미이기도 합니다. 이를 통해 우리는
마음이 얼마나 중요한가를 알 수 있습니다.

하나님은 마음에서 일어나는 일들까지도 실제적인 행동처럼
여기시기에 우리는 마음을 잘 지켜야 합니다. 주님은 마음 안
에서 일어나는 갖가지 악한 생각들, 곧 음란, 도둑질, 살인, 간
음, 탐욕, 질투, 비방, 교만, 우매함으로 인간이 타락하고 더러
워진다고 말씀하셨습니다. 우리는 마음이 내는 모든 더러운 것
을 분별하여 죄를 짓지 않도록 부지런히 경계해야 합니다. 그

런데 마음의 일은 눈에 보이는 행동보다 소홀히 여기기 쉬우므로 외모를 가꾸듯 마음도 그와 같은 수고로 가꾸는 노력이 필요합니다.

마음을 지켜야 하는 중요한 이유 중 하나는 우리 마음이 성령 안에서 하나님이 거하실 내면의 처소가 되어야 하기 때문입니다. 하나님은 죄와 함께 할 수 없으시고, 하나님의 성전은 우상과 함께 할 수 없습니다. 타락 후 인간의 마음은 만물보다 거짓되고 심히 부패한 죄악의 처소가 되고 말았습니다. 더러워진 마음이 다시금 거룩해지기 위해서는 우리의 마음을 온전히 그분께 내어드려야 합니다. 하나님이 우리를 그분의 교회와 나라로 삼으시도록, 우리가 성령 안에서 서로 연결되고 함께 지어져 갈 수 있도록 마음을 잘 지켜내야 합니다. 죄수가 탈옥하지 못하도록 지키는 간수처럼, 밤새 깨어 성을 지키는 파수꾼처럼 철저히 말입니다.

회복의 시작은 마음에서부터 일어납니다. 사랑하는 자녀들 역시 본질상 진노의 자녀로 태어나 부패하고 타락한 죄의 본성을 가지고 자라가기에, 우리는 그들의 마음이 하나님께서 거하실 거룩한 내면의 처소가 될 수 있도록 부지런히 그 마음을 주께로 돌이켜야 합니다. 이는 결코 미룰 수 없는 매일의 가장 중요한 일이 되어야 합니다.

잠언 기자는 "더욱 네 마음을 지키라"(잠 4:23)고 말하기에 앞서 아비로부터 들은 말을 마음에 두라고 강조합니다. 다시 말하면, 귀에 들려진 하나님의 말씀을 마음에 담고 철저히 단호하게 지켜 나가라는 것입니다. 우리는 부패하고 타락한 마음이 자녀들의 영혼을 재앙과 영원한 형벌로 이끌지 못하도록 어려서부터 그 마음에 주의 말씀을 심고 지켜 나가도록 본을 보여야 합니다.

자녀 양육은 인간의 마음을 바로 알고, 자녀의 마음을 바르게 가꾸어 가는 것에서부터 시작됩니다. 비록 우리의 능력은 부족하지만, 하나님을 의지함으로 그 능력을 힘입어 나아가기를 소망합니다. 이 책을 통하여 하나님의 말씀을 따라, 그분의 마음을 따라 하늘나라의 양육을 펼쳐 나가시기를 기도하며 격려합니다. 주님이 함께 하심으로 우리 마음에 힘을 주시고 지켜 주시리라 믿습니다.

생명의 근원인 마음

자녀의 마음을 소중히 여기며 기도합니다

무릇 지킬 만한 것보다 더욱 네 마음을 지키라
생명의 근원이 이에서 남이니라. 잠언 4:23

세상의 모든 것이 창조되었을 때, 가장 행복하고 아름다운 곳은 바로 인간의 마음이었습니다. 그러나 죄로 인해 타락한 후, 인간의 마음은 가장 거짓되고 부패한 곳이 되고 말았습니다(렘 17:9). 제어장치가 없으면 어디로 흘러갈지 모르는 거칠고 무질서한 집이 되고 말았습니다. 이처럼 타락하고 부패한 우리 마음에 생명의 제어장치가 되어 주시려고 말씀이신 하나님이 육신으로 이 땅에 오셨습니다. 예수님은 친히 우리 마음에 거하겠다고 말씀하셨습니다.

예수님은 생명의 떡이십니다. 그분의 말씀을 먹고 지켜 행하는 것은 생명을 얻는 길이며 영원한 생명을 누리는 복입니다. 성경에서 '생명'은 '행복과 희락'을, '죽음'은 '곤고와 화'를 의미합니다. 죽음은 생명이 가지고 있는 기쁨을 영원히 상실하는 것입니다. 그러한 상태로 영원한 형벌의 장소에서 고통과 함께 살아가는 것을 의미합니다.

우리가 모두 구원받기를 원하시는 하나님은 생명의 말씀을 마음에 담고 몸의 각 지체와 함께 마음을 더욱 지키라고 하십니다. 말씀이 지시하시는 목적을 향해 올곧게 나아가라고 하십니다. 바로 그때 우리의 자녀들은 영원한 생명의 길을 걸으며 참된 행복과 희락을 누리는 삶을 살아가게 될 것입니다.

무엇보다도 마음을 지키길 원하시는 주님,

사랑하는 자녀에게 마음의 소중함을 깨닫게 해주세요. 그 마음에서 생명이 흘러나옴을 알게 해주세요.

주의 말씀을 마음에 담아 지켜 행함으로 약속대로 응답하시는 주님을 경험하게 해주세요. 주의 말씀에 귀를 기울여 마음의 악을 분별하여 버리게 해주세요.

듣는 귀와 보는 눈, 행하는 손과 발을 주셔서 "무릇 지킬 만한 것 중에 더욱 마음을 지키는" 일에 힘쓰게 해주세요. 선과 악의 갈등 속에서 말씀이신 예수님을 따르는 것만이 참된 생명의 길임을 깨닫게 해주세요.

사람의 마음이 거짓되고 부패한 것을 알아 자신의 마음을 의지하지 않게 해주세요. 스스로 마음을 깨끗하게 할 수 없음을 깨닫고 주님을 더욱 의지하게 해주세요. 중심을 보시는 주님 앞에서 마음의 작은 죄조차도 용납하지 않게 해주세요.

아이의 마음이 늘 말씀이 이끄는 곳에 머물게 해주세

요. 아이가 능력의 말씀으로 자신을 붙드시고 죄를 깨끗하게 하시는 주님을 신뢰하게 해주세요.

죄악 된 세상과 그 가르침으로부터 마음을 지켜 주세요. 죄악으로 누리는 잠시의 기쁨 대신 하나님을 영원한 기쁨으로 삼게 해주세요.

주의 말씀이 인생길 비추는 발에 등이 되어 늘 자신의 마음에 말씀을 두고 살아가게 해주세요. 채소 위에 내리는 단비 같이 말씀의 단비가 영혼에 내려 풍성한 열매를 맺게 해주세요. 육의 양식을 탐하고 즐기는 것보다 주님의 말씀을 더 사모하게 해주세요.

주님을 드러내는 삶을 살아가도록 마음을 가꾸어 주세요. 아이의 마음이 주님이 거하실 내면의 처소로 지어져 가게 해주세요. 생명 길을 걸으며 참된 행복과 희락을 누리는 복된 마음이 되게 해주세요.

보혈 의지하여 예수님의 이름으로 기도합니다. 아멘.

더 깊은 기도로 이끄는
단비 말씀

내가 오늘 너희에게 증언한 모든 말을 너희의 마음에 두고 너희의 자녀에게 명령하여 이 율법의 모든 말씀을 지켜 행하게 하라 … 요단을 건너가 차지할 그 땅에서 너희의 날이 장구하리라. 신 32:46-47

선을 행하기 원하는 나에게 악이 함께 있는 것이로다. 롬 7:21

내 아들아 내 말에 주의하며 내가 말하는 것에 네 귀를 기울이라 그것을 네 눈에서 떠나게 하지 말며 네 마음속에 지키라. 잠 4:20-21

예수께서 이르시되 내가 곧 길이요 진리요 생명이니 나로 말미암지 않고는 아버지께로 올 자가 없느니라. 요 14:6

만물보다 거짓되고 심히 부패한 것은 마음이라 누가 능히 이를 알리요 마는 나 여호와는 심장을 살피며 폐부를 시험하고 각각 그의 행위와 그의 행실대로 보응하나니. 렘 17:9-10

그의 능력의 말씀으로 만물을 붙드시며 죄를 정결하게 하는 일을 하시고. 히 1:3

하나님의 백성과 함께 고난 받기를 잠시 죄악의 낙을 누리는 것보다 더 좋아하고. 히 11:25

주의 말씀은 내 발에 등이요 내 길에 빛이니이다. 시 119:105

너희도 성령 안에서 하나님이 거하실 처소가 되기 위하여 그리스도 예수 안에서 함께 지어져 가느니라. 엡 2:22

지혜로운 자는 위로 향한 생명 길로 말미암음으로 그 아래에 있는 스올을 떠나게 되느니라. 잠 15:24

부모를 안아주는
단비 축복

마음을 살피시고 붙드시는 주님,
사랑하는 자녀를 위하여 부르짖는 저를 축복해주세요.
제 마음을 지킬 수 있도록 힘을 주시고, 마음을 다하여
주를 사랑하게 해주세요. 아이에게 영양가 좋은 음식을
먹임도 중요하나 그 무엇보다 마음을 잘 살펴 참된 영의
양식을 부지런히 먹일 수 있도록 도와주세요. 예수님의
이름으로 기도합니다. 아멘.

나의 사랑하는 자녀야

네 마음에 나의 모든 말을 담고
마음을 다하고 뜻을 다하여 나를 사랑하여라
나의 사랑 나의 어여쁜 자야
너는 나의 것이란다

돌이키는 부드러운 마음

자녀의 마음이 주님만을 향하도록 기도합니다

너희는 옷을 찢지 말고 마음을 찢고
너희 하나님 여호와께로 돌아올지어다. 요엘 2:13

돌이킬 수 없는 많은 것들로 채워진 것이 바로 삶인 것 같습니다. 뜻밖의 사고로 자녀의 몸에 남은 상처, 지나가 버린 시간들, 내뱉어진 말들, 깨어져 버린 관계들… 돌이킬 수만 있다면 '꼭 이것만은…' 하고 바라는 순간들이 우리 삶에 참 많이 얼룩져 있습니다. 그러나 성경은 우리에게 '돌이킬 수 있는 것이 있다'고 가르치며 소망을 줍니다! 그것은 바로 '마음'입니다. 아무리 고집스럽고 단단한 마음이라도 주님의 은혜가 부어지면 부드러워집니다.

죄악 된 마음을 버리고 주께로 돌이킬 때, 주님은 그 마음을 어린아이와 같이 순전한 마음으로 변화시켜 주십니다. 우리는 이를 '회심'이라고 합니다. 회심이란, 자신의 죄를 깨닫고 그리스도의 십자가 사랑을 받아들이는 마음의 전적인 변화를 말합니다.

우리가 자녀를 양육하면서 가장 힘써야 할 부분이 있다면, 그것은 바로 자녀들의 마음을 사로잡아 온전히 하나님께로 향하게 하는 것입니다. 그리고 그 마음을 하나님께로 끝까지 단단히 붙들어 놓는 것입니다. 어떠한 영적 산고의 값을 치러서라도 말입니다.

단단한 마음을 부드럽게 하시는 주님,

사랑하는 자녀에게 고집스럽고 굳은 마음이 아닌, 주께로 돌이킬 수 있는 부드러운 마음을 허락해주시길 간구합니다.

아이가 죄의 영향력과 죄에 따른 심판과 영원한 형벌의 무게를 깨달아 죄를 가볍게 여기지 않게 해주세요. 하나님보다 세상을 더 사랑하는 것이 죄임을 알게 해주세요.

하나님에 대해 지식으로만 알고 하나님과 상관없는 삶을 살지 않도록 인도해주세요. 자신의 영혼에 대해 깊이 생각하며 영원한 것들에 마음을 고정하게 해주세요. 자신을 구원하실 수 있는 하나님을 바라보게 해주세요.

주님께서 아이의 마음을 열어 주셔서 주의 말씀이 믿어지고 그 말씀을 따르게 해주세요. 낮고 깨어진 마음을 허락하사 회심의 은혜를 경험하게 해주세요.

자신의 죄로부터 회개하고 돌이켜 죄 씻음을 받게 해주세요. 죄를 미워하시는 하나님의 거룩하심과 죄를 사하시려고 아들을 십자가에 내어 주신 하나님의 사랑하심을 믿게 해주세요. 아이가 마음을 찢으며 주께로 돌이킬 때, 용서해주시고 구원의 은총을 누리게 해주세요. 오래 참아 기다려 주시고 상한 마음을 위로해주시는 하나님의 사랑과 자비를 경험하게 해주세요.

회개한 마음이 누리는 참된 자유와 기쁨을 맛보게 해주세요. 사냥꾼의 올무에서 벗어난 새와 같이 노래하며 심령으로 새롭게 되어 새 사람을 입는 구원의 복을 누리길 원합니다. 하나님의 은혜의 풍성함을 따라 주님의 피로 구속, 곧 죄사함을 얻었으니 그리스도 안에서 전부터 바라던 하나님의 영광을 찬송하는 자 되게 해주세요.

아이 안에 하나님의 마음을 부어 주시고 평생에 그 마음을 닮아가고 전하며 살게 해주세요. 살아도 주를 위하여 살고 죽어도 주를 위하여 죽을 수 있는 주의 소유되게 해주세요.

보혈 의지하여 예수님의 이름으로 기도합니다. 아멘.

또 새 영을 너희 속에 두고 새 마음을 너희에게 주되 너희 육신에서 굳은 마음을 제거하고 부드러운 마음을 줄 것이며. 겔 36:26

이 세상이나 세상에 있는 것들을 사랑하지 말라 누구든지 세상을 사랑하면 아버지의 사랑이 그 안에 있지 아니하니. 요일 2:15

그들이 감각 없는 자가 되어 자신을 방탕에 방임하여 모든 더러운 것을 욕심으로 행하되 오직 너희는 그리스도를 그같이 배우지 아니하였느니라. 엡 4:19-20

오직 나는 여호와를 우러러보며 나를 구원하시는 하나님을 바라보나니 나의 하나님이 나에게 귀를 기울이시리로다. 미 7:7

두아디라 시에 있는 자색 옷감 장사로서 하나님을 섬기는 루디아라 하는 한 여자가 말을 듣고 있을 때 주께서 그 마음을 열어 바울의 말을 따르게 하신지라. 행 16:14

하나님이 세상을 이처럼 사랑하사 독생자를 주셨으니 이는 그를 믿는 자마다 멸망하지 않고 영생을 얻게 하려 하심이라. 요 3:16

너희는 옷을 찢지 말고 마음을 찢고 너희 하나님 여호와께로 돌아올지어다 그는 은혜로우시며 자비로우시며 노하기를 더디하시며 인애가 크시사 뜻을 돌이켜 재앙을 내리지 아니하시나니. 욜 2:13

오직 너희의 심령이 새롭게 되어 하나님을 따라 의와 진리의 거룩함으로 지으심을 받은 새 사람을 입으라. 엡 4:23-24

우리는 그리스도 안에서 그의 은혜의 풍성함을 따라 그의 피로 말미암아 속량 곧 죄 사함을 받았느니라 … 이는 우리가 그리스도 안에서 전부터 바라던 그의 영광의 찬송이 되게 하려 하심이라. 엡 1:7,12

부모를 안아주는
단비 축복

마음을 살피시고 붙드시는 주님,
사랑하는 자녀를 위하여 부르짖는 저를 축복해주세요.
제 안에 굳은 마음을 제하여 주시고 부드러운 마음을
허락해주세요. 제가 아이의 마음을 주께로 이끌고 붙
들어 두는 수고를 멈추지 않도록 도와주세요. 영적 산
고의 고통을 기쁨으로 감내할 수 있도록 은혜를 베풀
어 주시고 인도해주세요. 예수님의 이름으로 기도합니
다. 아멘.

나의 사랑하는 자녀야

나는 네게 새 마음을 주었단다
네 안에 돌처럼 굳은 마음을 다 제거하고
살처럼 아주 부드러운 마음을 말이야

DAY 3

긍휼한 마음

자녀의 마음이 사랑을 흘려보내길 기도합니다

가난한 형제가 너와 함께 거주하거든
그 가난한 형제에게 네 마음을 완악하게 하지 말며
네 손을 움켜쥐지 말고. 신명기 15:7

긍휼한 마음이란, 누군가의 고통을 함께 하는 마음을 말합니다. 이 마음을 품고 살아가는 사람은 자신의 즐거움과 유익을 뒤로하고 타인의 가난과 외로움, 고통 속으로 들어가 그것을 이기기까지 짐을 함께 나누어집니다.

긍휼은 우리에게 이렇게 말합니다. "상처 받은 자의 상처를 외면하지 말라." "고난 중에 있는 자를 정죄하지 말라." "비통함 가운데 부르짖는 자들과 함께 부르짖으라." "우는 자와 함께 울라." 그리고 더 나아가 "원수까지도 불쌍히 여기라"고 합니다.

우리는 이미 예수님의 모습을 통하여 긍휼한 마음이 무엇인지를 보았습니다. 그 마음이 생명을 내는 것도 보았습니다. 예수님을 닮은 그 긍휼한 마음이 우리 자녀들의 마음에도 심겨져 생명을 전할 수 있기를 소망합니다. 자녀들이 선한 사마리아인처럼 자랄 수 있도록 바르게 양육하기를 원합니다.

긍휼을 베푸시는 주님,

사랑하는 자녀에게 가난하고 어려움에 처한 이웃을 불쌍히 여기는 마음을 허락해주시길 간구합니다. 아이가 자신의 즐거움과 유익을 위해서가 아닌, 고통 받는 자들과 함께 짐을 지는 긍휼한 마음으로 살아가게 해주세요. 약한 자들을 위하여 수고하고 돕는 자로 자라나게 해주세요.

아이가 "주는 것이 받는 것보다 복이 있다"는 주의 말씀을 따라 살아가길 원합니다. 주의 사랑으로 그리스도의 부요함에 참여하게 해주세요. 어려움에 처한 자들에게 완악한 마음으로 대하지 않고, 가진 손을 움켜쥐지 않게 해주세요. 언제나 기쁨과 자원함으로 자신의 것을 나누게 해주세요.

주님, 고통 받는 자들의 마음을 깊이 헤아릴 수 있도록 아이의 마음을 넓혀 주세요. 그들과 함께 아파하고 그들을 돕는 선한 삶을 살게 해주세요. 아이를 통해 단단히 굳어 있는 마음들이 부서지고, 차가운 마음들이 녹아 주님의 생명이 전해지게 해주세요.

아이가 무정하거나 무자비한 마음, 인색한 마음을 멀리하게 해주세요. 진실한 마음을 주셔서 그 마음 안에 긍휼히 여기는 마음이 계속해서 자라게 해주세요.

주님, 아이가 주님의 마음을 알아 서로 인자하게 대하고 용서하는 마음, 주님의 사랑을 흘려보내는 마음, 자원하여 섬기는 마음으로 살아가게 해주세요. 아무리 나누어도 모자람이 없는 하늘의 풍성함을 날마다 경험하게 해주세요.

보혈 의지하여 예수님의 이름으로 기도합니다. 아멘.

긍휼히 여기는 자는 복이 있나니 그들이 긍휼히 여김을 받을 것임이요. 마 5:7

즐거워하는 자들과 함께 즐거워하고 우는 자들과 함께 울라. 롬 12:15

범사에 여러분에게 모본을 보여준 바와 같이 수고하여 약한 사람들을 돕고 또 주 예수께서 친히 말씀하신 바 주는 것이 받는 것보다 복이 있다 하심을 기억하여야 할지니라. 행 20:35

우리 주 예수 그리스도의 은혜를 너희가 알거니와 부요하신 이로서 너희를 위하여 가난하게 되심은 그의 가난함으로 말미암아 너희를 부요하게 하려 하심이라. 고후 8:9

반드시 네 손을 그에게 펴서 그에게 필요한 대로 쓸 것을 넉넉히 꾸어주라. 신 15:8

서로 친절하게 하며 불쌍히 여기며 서로 용서하기를 하나님이 그리스도 안에서 너희를 용서하심과 같이 하라. 엡 4:32

내게 주신 모든 은혜를 내가 여호와께 무엇으로 보답할까. 시 116:12

날마다 마음을 같이하여 성전에 모이기를 힘쓰고 집에서 떡을 떼며 기쁨과 순전한 마음으로 음식을 먹고. 행 2:46

하나님은 우리의 피난처시요 힘이시니 환난 중에 만날 큰 도움이시라. 시 46:1

우매한 자요 배약하는 자요 무정한 자요 무자비한 자라 그들이 이같은 일을 행하는 자는 사형에 해당한다고 하나님께서 정하심을 알고도 자기들만 행할 뿐 아니라 또한 그런 일을 행하는 자들을 옳다 하느니라. 롬 1:31-32

부모를 안아주는
단비 축복

마음을 살피시고 붙드시는 주님,
사랑하는 자녀를 위하여 부르짖는 저를 축복해주세요.
제가 넉넉하지 못한 형편을 이유로 섬김을 주저하지
않고 어려운 자들을 돌볼 수 있길 원합니다. 긍휼을 베
푸는 아름다운 삶의 본을 보이며 아이와 함께 긍휼한
마음을 키워가도록 인도해주세요. 예수님의 이름으로
기도합니다. 아멘.

나의 사랑하는 자녀야

내가 어찌 너를 놓겠느냐
내가 어찌 너를 버리겠느냐
너를 긍휼히 여기는 내 마음이
불길처럼 강하게 치솟아 오르는구나

_____

_____

_____

_____

_____

DAY 4

온전한 마음

자녀의 마음이 나뉘지 않길 기도합니다

내 아들 솔로몬아 너는 네 아버지의 하나님을 알고
온전한 마음과 기쁜 뜻으로 섬길지어다. 역대상 28:9

역대상 28장 9절에 나오는 "온전한 마음"이란 나뉘지 않는 마음, 즉 온 맘(wholehearted) 다해 하나님을 섬기는 마음을 의미합니다. 어떤 형편에서도 하나님의 계명을 따르고 그분만을 사랑하며 섬기고 최선을 넘어 전부를 드리는 마음을 뜻합니다.

역대서는 남유다 왕들의 이야기로 왕들이 온전한 마음으로 다윗의 길을 끝까지 걸었는가 아닌가를 살펴 기록한 책입니다. 그 기록 가운데 안타까움을 자아내는 한 구절이 눈에 들어옵니다. "여호와께서 보시기에 정직하게 행하기는 하였으나 온전한 마음으로 행하지 아니하였더라"(대하 25:2). 이 말씀은 옳은 일을 행하였으나 온전한 마음이 부족했던 아마샤 왕에 대한 기록입니다. 결국 그는 우상을 하나님과 겸하여 섬기다가 반역자들에 의해 비참한 죽음을 맞이했습니다.

온전한 마음이 온전한 행실을 냅니다. 성경에 "온전한 사랑이 두려움을 내쫓나니"(요일 4:18)라는 말씀이 있습니다. 이는 온전한 마음이 주는 평강을 의미합니다. 또한 온전한 마음에는 '안전함, 평화로움'이라는 뜻도 있습니다. 이는 온전한 마음으로 주를 사랑하는 자들에게 주가 친히 방패요, 보호가 되어 주신다는 약속을 포함합니다. 우리의 자녀들이 온전한 마음으로 주를 따르며 그 모든 약속을 누리길 소망합니다.

온전한 마음을 찾으시고 기뻐하시는 주님,

사랑하는 자녀에게 온전한 마음으로 주님을 찾는 은혜를 허락해주시길 간구합니다. 아이가 나뉘어진 마음이 아닌 온전한 마음과 기쁜 뜻으로 주님을 더욱 알아가고 섬길 수 있도록 인도해주세요.

아이가 주님의 법을 따라 자신의 삶의 경계를 정하길 원합니다. 주께서 약속하신 모든 말씀을 굳게 믿고, 그 믿는 마음이 날마다 성장해나가길 원합니다. 다윗과 갈렙처럼 온전히 주만 바라며 따르는 믿음의 사람이 되게 해주세요.

주님, 아이가 세상의 사랑하는 것들로 인해 마음이 나뉘는 것을 주의하게 해주세요. 자신의 온전치 못한 마음을 다양한 변명들로 감추지 않게 해주세요. 믿음과 착한 양심을 갖게 해주세요. 참 마음과 온전한 믿음으로 하나님께 나아가는 자가 되게 해주세요.

아이가 적은 능력을 부끄러워하지 않고 온전한 마음으로 주께 드리는 부요한 마음을 배우길 원합니다. 최선

의 마음을 넘어 주께 전부를 드리는 마음을 아이에게
허락해주세요.

주님, 마음을 다하고 목숨을 다하고 힘을 다하고 뜻을
다하여 주 너의 하나님을 사랑하라는 말씀에 이르기까
지 저희 아이를 이끌어 주세요. 온전한 마음에 찾아오
는 안전감과 평강으로 옷 입혀 주시고, 주의 완전하신
약속을 누리는 삶을 살아가도록 인도해주세요.

보혈 의지하여 예수님의 이름으로 기도합니다. 아멘.

내 아들 솔로몬아 너는 네 아버지의 하나님을 알고 온전한 마음과 기쁜 뜻으로 섬길지어다 여호와께서는 모든 마음을 감찰하사 모든 의도를 아시나니 네가 만일 그를 찾으면 만날 것이요 만일 네가 그를 버리면 그가 너를 영원히 버리시리라. 대상 28:9

주의 의로운 규례들을 지키기로 맹세하고 굳게 정하였나이다. 시 119:106

약속하신 그것을 또한 능히 이루실 줄을 확신하였으니. 롬 4:21

내가 이새의 아들 다윗을 만나니 내 마음에 맞는 사람이라 내 뜻을 다 이루리라 하시더니. 행 13:22

그러나 내 종 갈렙은 그 마음이 그들과 달라서 나를 온전히 따랐은즉 그가 갔던 땅으로 내가 그를 인도하여 들이리니 그의 자손이 그 땅을 차지하리라. 민 14:24

자녀들아 너희 자신을 지켜 우상에게서 멀리하라. 요일 5:21

믿음과 착한 양심을 가지라 어떤 이들은 이 양심을 버렸고 그 믿음에 관하여는 파선하였느니라. 딤전 1:19

우리가 마음에 뿌림을 받아 악한 양심으로부터 벗어나고 몸은 맑은 물로 씻음을 받았으니 참 마음과 온전한 믿음으로 하나님께 나아가자. 히 10:22

내가 전심으로 주를 찾았사오니 주의 계명에서 떠나지 말게 하소서. 시 119:10

네 마음을 다하고 목숨을 다하고 뜻을 다하고 힘을 다하여 주 너의 하나님을 사랑하라 하신 것이요. 막 12:30

사랑 안에 두려움이 없고 온전한 사랑이 두려움을 내쫓나니 두려움에는 형벌이 있음이라. 요일 4:18

부모를 안아주는
단비 축복

마음을 살피시고 붙드시는 주님,
사랑하는 자녀를 위하여 부르짖는 저를 축복해주세요.
제 마음이 세상 염려로 나뉘지 않고 두 마음을 품지 않
게 해주세요. 순전한 마음으로 주를 예배하고 가정과
이웃을 섬길 수 있도록 도와주세요. 온전한 마음이 내
는 온전한 행실로 살아가길 원하며 예수님의 이름으로
기도합니다. 아멘.

나의 사랑하는 자녀야

내 눈은 온 땅을 두루 살피다가
전심으로 나를 향해 있는 너를 찾았단다
이제 내가 네게 능력을 베풀어 주리라

DAY 5 죄를 경계하는 마음

자녀의 마음이 죄를 멀리하길 기도합니다

너희는 스스로 조심하라 그렇지 않으면
방탕함과 술 취함과 생활의 염려로 마음이 둔하여지고
뜻밖에 그 날이 덫과 같이 너희에게 임하리라. 누가복음 21:34

키플링(Joseph Rudyard Kipling)의 "죄"라는 시가 있습니다. 그 시의 내용은 이러합니다.

어느 추운 겨울밤 문을 두드리는 소리가 납니다. 주인이 누구인지 묻자 "나는 보잘것없는 자입니다"라고 대답하는 아주 연약한 목소리가 들립니다. 다시 주인이 누구인지 묻자 이번에는 "사랑에 목마른 외로운 자입니다"라고 합니다. "이름이 뭐요?"라고 묻자 그는 "'죄'라고 부릅니다"라고 자신을 소개합니다. 곧 문이 열리고 이내 그 방은 지옥으로 가득해집니다. 이 시는 경계하고 조심하지 않으면 죄가 얼마나 빠르게 사람을 정복하는지를 잘 나타내고 있습니다.

거룩함이 하나의 힘이듯 죄도 하나의 힘입니다. 죄를 주의하여 경계하지 않으면 어느새 죄가 우리의 자녀들을 삼켜 버립니다. 덫과 같이 '철커덕' 아이들을 결박해 버립니다. 그 끝은 멸망이요 사망입니다. 이제 우리가 깨어서 자녀들이 죄에 대해 경계하는 마음을 갖고 유혹을 받는 자리에 가까이 가지 않도록 기도하길 원합니다.

죄를 멀리하길 원하시는 주님,

사랑하는 자녀에게 죄를 살피고 경계하는 마음을 주시
길 간구합니다.

아이가 죄의 유혹에 빠지지 않도록 늘 주의하게 해주세
요. 게으르고 나태한 마음을 경계하게 해주세요. 죄라
는 덫에 걸려 실수하지 않고, 행하는 일들을 그르치지
않도록 도와주세요.

아이가 자주 넘어지는 유혹이 무엇인지 주의 깊게 살피
며 살아가게 해주세요. 그 마음에 죄가 기회를 틈타지
못하도록 지켜 주세요.

악한 꾀를 내는 사악한 마음, 추하고 더러운 것을 즐기
는 마음, 독한 시기와 다툼을 일으키는 마음, 우쭐하고
높아지려는 마음, 고집 부리며 회개하지 않는 마음을
경계함으로써 덫과 같이 임할 진노를 피하게 해주세요.

주님, 아이가 주를 기만하고 속이는 마음을 멀리하게
해주세요. 어릴 때부터 돈을 사랑하는 마음을 경계하여

어리석고 해로운 욕심에 빠지지 않게 해주세요.

아이가 항상 주를 경외하는 마음으로 살아가고, 완악한 마음으로 인해 재앙에 빠지지 않도록 붙잡아 주세요. 동일한 마음을 가진 믿음의 친구들을 주셔서 죄의 유혹을 받을 때에 서로 버팀목이 되게 해주세요.

아이가 게으르고 주를 경외하지 않는 자들의 삶을 보면서 늘 깊이 생각하고 바른 교훈을 얻게 해주세요. 돌이킨 죄악으로 다시 돌아가지 않도록 힘써 마음을 지키게 해주세요. 청결한 마음을 주셔서 사람들이 아이를 통해 주를 볼 수 있도록 축복해주세요.

보혈 의지하여 예수님의 이름으로 기도합니다. 아멘.

오직 너는 스스로 삼가며 네 마음을 힘써 지키라 그리하여 네가 눈으로 본 그 일을 잊어버리지 말라 네가 생존하는 날 동안에 그 일들이 네 마음에서 떠나지 않도록 조심하라 너는 그 일들을 네 아들들과 네 손자들에게 알게 하라. 신 4:9

그러나 너희 마음속에 독한 시기와 다툼이 있으면 자랑하지 말라 진리를 거슬러 거짓말하지 말라. 약 3:14

다만 네 고집과 회개하지 아니한 마음을 따라 진노의 날 곧 하나님의 의로우신 심판이 나타나는 그 날에 임할 진노를 네게 쌓는도다. 롬 2:5

스스로 속이지 말라 하나님은 업신여김을 받지 아니하시나니 사람이 무엇으로 심든지 그대로 거두리라. 갈 6:7

돈을 사랑함이 일만 악의 뿌리가 되나니 이것을 탐내는 자들은 미혹을 받아 믿음에서 떠나 많은 근심으로써 자기를 찔렀도다. 딤전 6:10

항상 경외하는 자는 복되거니와 마음을 완악하게 하는 자는 재앙에 빠지리라. 잠 28:14

오직 오늘이라 일컫는 동안에 매일 피차 권면하여 너희 중에 누구든지 죄의 유혹으로 완고하게 되지 않도록 하라. 히 3:13

내가 게으른 자의 밭과 지혜 없는 자의 포도원을 지나며 본즉 가시덤불이 그 전부에 퍼졌으며 그 지면이 거친 풀로 덮였고 돌담이 무너져 있기로 내가 보고 생각이 깊었고 내가 보고 훈계를 받았노라. 잠 24:30-32

마음이 청결한 자는 복이 있나니 그들이 하나님을 볼 것임이요. 마 5:8

부모를 안아주는
단비 축복

마음을 살피시고 붙드시는 주님,
사랑하는 자녀를 위하여 부르짖는 저를 축복해주세요.
제가 유혹에 빠지지 않도록 깨어 기도하고, 아이를 유
혹 받을 수 있는 자리나 상황으로 이끌지 않도록 주의
하게 해주세요. 죄를 경계하고 죄와 피 흘리기까지 싸
우며 저희 가정을 경건한 삶으로 이끌 수 있도록 도와
주세요. 예수님의 이름으로 기도합니다. 아멘.

나의 사랑하는 자녀야

너로 죄에 대하여 죽고
의에 대하여 살게 하기 위하여
내가 친히 나무에 달려 네 죄를 담당하였으니
나의 피를 힘입어 담대히 나아오라

만족하는 마음

자녀가 주님 한 분만으로 만족하길 기도합니다

실로 내가 내 영혼으로 고요하고 평온하게 하기를
젖 뗀 아이가 그의 어머니 품에 있음 같게 하였나니
내 영혼이 젖 뗀 아이와 같도다. 시편 131:2

작은 것에도 감사할 수 있는 마음, 더 가질 수 있음에도 절제하는 마음, 어떤 형편에서든 부족함을 느끼지 않는 마음이 바로 '만족하는 마음'입니다. 우리의 마음은 하나님으로 채워질 때에 비로소 참된 만족이 흐르는 에덴의 강이 될 수 있습니다.

에스더는 왕에게 나아갈 차례가 되었을 때, 내시 헤개가 정하여 준 것 외에 다른 것을 구하지 않았습니다. 왕의 눈에 들지 않으면 일생을 후궁으로 쓸쓸히 살아야 함에도 불구하고 자신에게 주어진 것에 만족했습니다. 성경은 이런 에스더의 모습을 "정한 것 외에는 다른 것을 구하지 아니하였으나 모든 보는 자에게 사랑을 받더라"(에 2:15)라고 표현하고 있습니다.

우리의 자녀들이 화려한 장식이 아닌 만족한 마음으로 자신을 꾸민 에스더처럼 살아가기를 소망합니다. 만족의 실체가 되시는 하나님을 구하는 마음이 그 안에 더욱 자라고 커져 가길 바랍니다.

우리의 만족 되시는 주님,

사랑하는 자녀에게 작은 것에도 불평하지 않고 만족하는 마음을 주시길 간구합니다.

아이의 마음이 큰 일과 감당하지 못할 놀라운 일을 생각하지 않고, 그 마음을 늘 고요하고 평온히 지키게 해주세요.

아이가 젖을 찾는 아기처럼 주님을 찾고, 그 갈망하는 마음이 날마다 자라게 해주세요. 사모하는 영혼에게 만족함을 주시고, 주린 영혼에게 좋은 것을 주시는 주를 더욱 경험하게 해주세요.

주님, 아이가 가지고 온 것도, 가지고 갈 것도 없는 것이 인생임을 깨닫고, 오직 선을 행함으로기뻐하며 만족하게 해주세요. 더 가지려는 마음보다 있는 것을 족한 줄로 여기게 해주세요. 없는 것을 불평하기보다 적은 것도 누릴 줄 아는 지혜를 허락해주세요.

아이가 정한 것 외에 다른 것을 구하지 않았던 에스더

와 같이 만족함으로 자신을 단장하게 해주세요. 그 모습을 통해 사람들에게 사랑받게 해주세요. 아이의 평생에 참으로 바라고 소망하는 유일한 것이 오직 주님이길 소망합니다.

보혈 의지하여 예수님의 이름으로 기도합니다. 아멘.

여호와여 내 마음이 교만하지 아니하고 내 눈이 오만하지 아니하오며 내가 큰 일과 감당하지 못할 놀라운 일을 하려고 힘쓰지 아니하나이다 실로 내가 내 영혼으로 고요하고 평온하게 하기를 젖 뗀 아이가 그의 어머니 품에 있음 같게 하였나니 내 영혼이 젖 뗀 아이와 같도다 이스라엘아 지금부터 영원까지 여호와를 바랄지어다. 시 131편

그가 사모하는 영혼에게 만족을 주시며 주린 영혼에게 좋은 것으로 채워주심이로다. 시 107:9

그러나 자족하는 마음이 있으면 경건은 큰 이익이 되느니라 우리가 세상에 아무것도 가지고 온 것이 없으매 또한 아무것도 가지고 가지 못하리니 우리가 먹을 것과 입을 것이 있은즉 족한 줄로 알 것이니라. 딤전 6:6-8

우리가 무슨 일이든지 우리에게서 난 것 같이 스스로 만족할 것이 아니니 우리의 만족은 오직 하나님으로부터 나느니라. 고후 3:5

모르드개의 삼촌 아비하일의 딸 곧 모르드개가 자기의 딸 같이 양육하는 에스더가 차례대로 왕에게 나아갈 때에 궁녀를 주관하는 내시 헤개가 정한 것 외에는 다른 것을 구하지 아니하였으나 모든 보는 자에게 사랑을 받더라. 에 2:15

몇 가지만 하든지 혹은 한 가지만이라도 족하니라 마리아는 이 좋은 편을 택하였으니 빼앗기지 아니하리라 하시니라. 눅 10:42

주 여호와여 주는 나의 소망이시요 내가 어릴 때부터 신뢰한 이시라 내가 모태에서부터 주를 의지하였으며 나의 어머니의 배에서부터 주께서 나를 택하셨사오니 나는 항상 주를 찬송하리이다. 시 71:5-6

부모를 안아주는
단비 축복

마음을 살피시고 붙드시는 주님,
사랑하는 자녀를 위하여 부르짖는 저를 축복해주세요.
제가 주님 외에 다른 것으로 만족하려는 마음을 주의
하고 세상을 향한 헛된 소망과 욕심을 버리게 해주세
요. 아이에게 그가 감당할 수 없는 일을 바라거나 강요
하지 않게 해주세요. 제게 허락하신 모든 환경과 상황
에 감사드리며 예수님의 이름으로 기도합니다. 아멘.

나의 사랑하는 자녀야

은을 사랑해도 은으로 만족하지 못하고
풍요를 사랑해도 소득으로 만족하지 못하니
이것이 모두 헛되지 않느냐
오직 너는 나를 경외하고 내 말을 지켜 행하라

순종하는 마음

자녀가 주의 말씀에 순종하길 기도합니다

하나님의 아들 예수 그리스도는
예 하고 아니라 함이 되지 아니하셨으니
그에게는 예만 되었느니라. 고린도후서 1:19

자녀가 "예"라고 대답할 때, 부모의 마음은 참으로 기쁩니다. 기꺼이 "예"라고 하든 마지못해 "예"라고 하든 그 대답에는 묘한 힘이 있습니다. 마음에 평안을 주고 안심시킵니다. 그에 따른 보상도 있습니다.

태어나서 "예"라는 말만큼 많이 해본 말도 없는 것 같습니다. 그런데 이 말처럼 지켜지지 않는 말도 없는 것 같습니다. 불순종과 죄로 가득한 이 땅에 "예"만 되시는 예수님이 우리에게 오셨습니다. 이 땅에 오셔서 하나님의 약속을 모두 이루셨습니다. 순종을 넘어 복종에 이르기까지 아버지께 자신을 내어 드리셨습니다. 그래서 하나님의 약속은 얼마든지 그리스도 안에서 "예"가 됩니다.

우리의 자녀들도 하나님께 오직 "예"라고 하신 예수님의 마음을 닮길 원합니다. 예수님의 마음을 통하여 크신 일을 이루어 가시는 하나님을 만날 수 있기를 소망합니다.

순종의 본을 보이신 주님,

사랑하는 자녀에게 주의 말씀에 순종하는 마음을 주시길 간구합니다.

아이가 하나님의 말씀을 주의하여 잘 듣고 언제 어디서나 "예" 하고 순종하길 원합니다. 그저 입술로만 "예" 하는 것이 아니라 진실하게 행함으로 순종하게 해주세요.

아이가 사람을 기쁘게 하기 위하여, 사람에게 인정받기 위하여 주의 말씀에 순종하는 것이 아닌, 주를 신뢰하고 경외함으로 순종하게 해주세요. 게으르고 꾀를 내며 거역하고 싶은 마음과 두려운 마음을 이겨내고 순종의 길로 나아가도록 인도해주세요.

때론 왜 순종해야 하는지 이해되지 않을지라도, 순종함으로 손해를 보고 어려움을 당할지라도, 세상에서 미움을 받을지라도 아이가 인내로써 끝까지 순종할 수 있도록 붙들어 주세요.

주님, 아이가 불순종하여 세상의 조롱을 받고 수치를 당하지 않도록 마음을 단단히 지켜 주세요. 순종하는 마음을 넓혀 주셔서 주님이 명령하신 길로 힘차게 달려갈 수 있도록 도와주세요. 순종함으로 의의 종이 되게 해주세요.

주를 경외하는 마음으로 자신을 가르치고 인도하는 모든 이에게도 겸손히 순종하게 해주세요. 자신의 생각, 논리, 자존심, 사랑하는 모든 것을 주의 말씀 아래 두고 즐거이 순종할 수 있도록 인도해주세요. 주의 사랑과 보호하심 안에서 순종의 참된 복을 누리게 해주세요.

보혈 의지하여 예수님의 이름으로 기도합니다. 아멘.

어떤 사람은 말하기를 너는 믿음이 있고 나는 행함이 있으니 행함이 없는 네 믿음을 내게 보이라 나는 행함으로 내 믿음을 네게 보이리라 하리라. 약 2:18

종들아 모든 일에 육신의 상전들에게 순종하되 사람을 기쁘게 하는 자와 같이 눈가림만 하지 말고 오직 주를 두려워하여 성실한 마음으로 하라. 골 3:22

복 있는 사람은 악인들의 꾀를 따르지 아니하며 죄인들의 길에 서지 아니하며 오만한 자들의 자리에 앉지 아니하고. 시 1:1

왕이여 우리가 섬기는 하나님이 계시다면 우리를 맹렬히 타는 풀무불 가운데에서 능히 건져내시겠고 왕의 손에서도 건져내시리이다 그렇게 하지 아니하실지라도 왕이여 우리가 왕의 신들을 섬기지도 아니하고 왕이 세우신 금 신상에게 절하지도 아니할 줄을 아옵소서. 단 3:17-18

내가 너희를 세상에서 택하였기 때문에 세상이 너희를 미워하느니라. 요 15:19

내가 주의 증거들에 매달렸사오니 여호와여 내가 수치를 당하지 말게 하소서 주께서 내 마음을 넓히시면 내가 주의 계명들의 길로 달려가리이다. 시 119:31-32

너희 자신을 종으로 내주어 누구에게 순종하든지 그 순종함을 받는 자의 종이 되는 줄을 너희가 알지 못하느냐 혹은 죄의 종으로 사망에 이르고 혹은 순종의 종으로 의에 이르느니라. 롬 6:16

너희를 인도하는 자들에게 순종하고 복종하라 그들은 너희 영혼을 위하여 경성하기를 자신들이 청산할 자인 것 같이 하느니라. 히 13:17

부모를 안아주는
단비 축복

마음을 살피시고 붙드시는 주님,
사랑하는 자녀를 위하여 부르짖는 저를 축복해주세요.
제가 아이에게 순종을 강요하지 않고, 먼저 주께 순종
하는 본을 보이게 해주세요. 아이가 순종할 때, 아낌없
이 격려하고 칭찬하게 해주시고, 그렇지 못할지라도
사랑으로 인내하며 순종의 길로 인도하게 해주세요.
예수님의 이름으로 기도합니다. 아멘.

나의 사랑하는 자녀야

내가 번제나 화목제를 드리는 것을 기뻐하겠느냐
나의 말에 순종하는 것을 더 기뻐하겠느냐
나는 네가 순종하고 내 말을 따르는 것을
제사보다, 숫양의 기름보다 더 좋아한단다

천국을 사모하는 마음

자녀의 마음에 천국이 펼쳐지길 기도합니다

그들이 이제는 더 나은 본향을 사모하니
곧 하늘에 있는 것이라. 히브리서 11:16

우리가 천국을 사모하는 마음으로 이 땅에서의 삶에 주력한다면, 더 값지고 아름다운 인생을 살아갈 수 있을 것입니다. 다음은 19세기의 저명한 복음전도자 호라티우스 보나르의 고백입니다.

우리는 이 땅의 집을 떠나 영원한 집을 향해 발걸음을 재촉하고 있습니다. 우리는 세상을 떠났으나 영원한 나라의 상속자가 되었으며 전능하신 하나님의 자녀가 되었습니다. 우리는 애굽을 떠났으나 가나안을 향해 진군하고 있습니다. 우리는 광야에 있으나 자유합니다. 우리는 길도 없는 황야를 지나지만 구름기둥의 인도와 그늘 아래에서 앞으로 나아갑니다. 우리는 "근심하는 자 같으나 항상 기뻐하고, 가난한 자 같으나 많은 사람을 부요하게 하고, 아무것도 없는 자 같으나 모든 것을 가진 자"(고후 6:10)입니다. 우리가 영원히 누릴 풍성한 기업은 결코 잃어버리거나 변하거나 쇠하지 아니할 것입니다.

사랑하는 자녀들이 이 땅에서의 모든 수고를 끝내고 천국에서 영원한 안식을 누리게 될 그날을 소망하고 확신합니다. 매일 순례의 길을 떠나는 자녀들을 격려하며 그 마음에 더 나은 본향이 담겨지길 소원합니다.

촉촉한
단비 기도

돌아갈 영원한 안식처를 예비해주신 주님,

사랑하는 자녀에게 더 나은 본향을 사모하는 마음을 주시길 간구합니다.

아이가 아름다운 천국을 마음에 품게 해주세요. 아이의 눈이 늘 천국을 바라보고 더욱 사모하게 해주세요. 영원한 아버지의 집을 향하여 믿음의 걸음을 내딛도록 인도해주세요.

아이가 마음에 품은 하나님 나라를 더욱 알길 원합니다. 그곳은 눈물도, 사망도, 아픔도, 저주도, 목마름도 없는 나라요 진동하거나 변하거나 썩지 않는 나라임을, 영원한 안식과 완전한 기쁨의 나라임을 더욱 경험하게 해주세요.

아이가 "근심하는 자 같으나 항상 기뻐하고, 가난한 자 같으나 많은 사람을 부요하게 하고, 아무것도 없는 자 같으나 모든 것을 가진 자"로서 더 나은 본향을 향하여 담대히 나아가게 해주세요. 이 땅에서 나그네로 살면서 주님이 허락하신 귀한 달란트를 바르게 사용하며 살아가도록 이끌어 주세요.

사랑하는 자녀가 영원히 누릴 천국의 풍성한 기쁨으로 살아가게 해주세요. 돌아갈 곳이 있는 자의 행복을 빼앗기지 않게 해주세요. 주의 약속을 기업으로 받으며 순례의 길을 잘 마칠 수 있도록 주님이 항상 동행해주세요.

아이가 인생의 끝날이 있음을 기억하며 하루를 살아가게 해주시고 영원한 천국, 그 완전한 나라에서의 삶을 깊이 생각하는 자로 자라게 해주세요.

보혈 의지하여 예수님의 이름으로 기도합니다. 아멘.

더 깊은 기도로 이끄는
단비 말씀

모든 눈물을 그 눈에서 닦아 주시니 다시는 사망이 없고 애통하는 것이나 곡하는 것이나 아픈 것이 다시 있지 아니하리니 처음 것들이 다 지나갔음이러라 … 또 내게 말씀하시되 이루었도다 나는 알파와 오메가요 처음과 마지막이라 내가 생명수 샘물을 목마른 자에게 값없이 주리니. 계 21:4,6

다시 저주가 없으며 하나님과 그 어린양의 보좌가 그 가운데에 있으리니 그의 종들이 그를 섬기며. 계 22:3

그러므로 우리가 흔들리지 않는 나라를 받았은즉 은혜를 받자 이로 말미암아 경건함과 두려움으로 하나님을 기쁘시게 섬길지니. 히 12:28

썩지 않고 더럽지 않고 쇠하지 아니하는 유업을 잇게 하시나니 곧 너희를 위하여 하늘에 간직하신 것이라. 벧전 1:4

근심하는 자 같으나 항상 기뻐하고 가난한 자 같으나 많은 사람을 부요하게 하고 아무것도 없는 자 같으나 모든 것을 가진 자로다. 고후 6:10

그들이 이제는 더 나은 본향을 사모하니 곧 하늘에 있는 것이라 이러므로 하나님이 그들의 하나님이라 일컬음 받으심을 부끄러워하지 아니하시고 그들을 위하여 한 성을 예비하셨느니라. 히 11:16

게으르지 아니하고 믿음과 오래 참음으로 말미암아 약속들을 기업으로 받는 자들을 본받는 자 되게 하려는 것이니라. 히 6:12

그들이 다시는 주리지도 아니하며 목마르지도 아니하고 해나 아무 뜨거운 기운에 상하지도 아니하리니 이는 보좌 가운데에 계신 어린 양이 그들의 목자가 되사 생명수 샘으로 인도하시고 하나님께서 그들의 눈에서 모든 눈물을 씻어 주실 것임이라. 계 7:16-17

부모를 안아주는
단비 축복

마음을 살피시고 붙드시는 주님,
사랑하는 자녀를 위하여 부르짖는 저를 축복해주세요.
오늘도 영원한 저 천국을 바라보며 이 세상을 향한 욕
심과 미련을 내려놓습니다. 주님, 제게 허락해주신 삶
을 온전히 마칠 때까지 저와 동행해주세요. 천국을 향
한 소망의 마음이 식지 않도록 저희 가정을 붙들어 주
세요. 예수님의 이름으로 기도합니다. 아멘.

나의 사랑하는 자녀야

천국은 내 이름을 많이 부른다고 하여
무조건 들어가는 곳이 아니란다
이 땅에서 나의 뜻을 믿음으로 굳게 행하여라
그날에 내가 네 눈물을 닦아주고 힘껏 안아주리라

Part 2

생각이 새로워지는 말씀기도

하나님, 우리 아이의 생각에 생명을 넣어 주세요

생각에 대하여

죄의 지배아래 있는 생각이
사망에서 생명으로 변화되어야 합니다

생각(mind)은 마음(heart) 안에 일어나는 모든 지적 활동을 말합니다. 선한 생각, 악한 생각 모두를 포함하므로 생각의 영역은 이 두 가지 생각이 충돌하는 마음의 치열한 전쟁터이기도 합니다.

여러 요인으로부터 영향을 받는 생각은 수많은 정보, 정서, 의지의 충돌로 결정된 것들이 마음에 정착하도록 돕고, 그것을 행동으로 이끌어 냅니다. 생각은 행동을 이끌어 낸다는 점에서 힘을 가지며 지대한 영향을 미칩니다.

아담의 타락 후, 인간의 생각은 급속도로 타락하고 부패했습니다. 하나님께서 홍수 심판을 내리실 만큼 죄로 물들어 있었습니다. 인간이 하나님의 영이 함께 하시는 영의 생명이 끊어진 '육신', 즉 땅의 것을 생각하는 육적인 존재가 되어버렸기 때문입니다. 이는 타락한 인간이 '육신의 생각'을 하는 존재요, 그 생각을 일으키는 죄의 지배 아래 있는 존재가 되었음을 의미합니다.

"육신의 생각은 사망이요 영의 생각은 생명과 평안이니라." 롬 8:6

죄로 인해 사망이 생각과 마음 안에서 왕 노릇하면, 결국 그 사람을 주관하고 속여 악을 행하게 합니다. 죄악 된 생각과 율법으로 사로잡아 죄의 견고한 진을 세워 악한 영향력을 행사합니다. 우리는 이러한 생각의 영역을 '혼'의 영역이라고 합니다.

'혼'은 생명의 보이지 않는 영역으로 정신적 측면을 말합니다. '영'이 하나님의 부르심에 반응하는 영역이라면, 혼은 육신과 함께 하고 육신을 대표하므로 마귀와 원죄의 영향 아래 있습니다. 그래서 우리 삶은 육적인 삶과 영적인 삶으로 구분 지어집니다.

"살리는 것은 영이니 육은 무익하니라." 요 6:63

하나님은 그분의 진리로 우리의 혼과 영을 쪼개어 나누시고 마음과 생각과 뜻을 판단하시어 우리가 영적인 삶을 살아가도록 인도하십니다. 따라서 우리는 세상의 풍조가 어떠하든 세상의 가치가 어떻게 변하든 육적인 삶을 거절하고 영적인 삶을 구하며 살아야 합니다. 이를 위해서는 먼저 죄와 허물로 죽었던 영이 살아나야 합니다. 예수를 그리스도라 시인하고 구주로 영접해야 합니다(요 3:6 ; 롬 8:10). 이로써 우리는 '영'으로 마음의 작용을 초월하고 이성의 인식 능력을 넘어 하나님과 교제를 나눌 수 있습니다.

그러나 예수님을 영접하고 거듭남을 경험했다고 해서 그 즉시 우리의 생각이 완전해지거나 새롭게 되지는 않습니다. 여전히 우리는 사탄의 속임과 훼방에서 벗어나지 못한 생각들에 갇혀 있고, 이미 익숙해진 생각의 습관을 따라 영의 생각을 거절하곤 합니다.

우리의 자녀들이 품은 생각이 사망으로 내려가지 않길 원합니다. 생명을 내며 평안을 누리길 원합니다. 사랑하는 자녀들이 죄로 물든 생각과 습관에서 벗어나 하나님의 영이 허락하신 새로운 생각을, 생명과 평안의 생각을 시작하길 소망합니다. 바로 지금이 사망에서 생명과 평안으로 옮겨지는 시간이 되길 간절히 원합니다.

DAY 9

하늘에 속한 새로워진 생각

자녀의 생각이 이 세대를 본받지 않길 기도합니다

너희는 이 세대를 본받지 말고 오직 마음을 새롭게 함으로
변화를 받아 하나님의 선하시고 기뻐하시고 온전하신 뜻이
무엇인지 분별하도록 하라. 로마서 12:2

마음과 생각을 새롭게 함으로 변화를 받아 하나님의 선하시고 기뻐하시고 온전하신 뜻이 무엇인지 분별하는 일은 아주 중요합니다.

우리의 자녀들이 새로워진 생각을 통하여 십자가에서 죽으시고 부활하신 그리스도를 바라보고, 모든 생각이 주를 향한 마음으로 젖어 든다면 얼마나 행복하고 평안할까요! 아이가 정결하고 주께 온전히 복종하는 생각을 가질 수 있도록 우리가 자녀의 가장 가까이에서 돕기를 원합니다.

진리와 비진리의 싸움은 사소한 논쟁이나 주장들을 꺾는 정도의 싸움이 아닌 영원한 삶을 건 전쟁이기에 우리 자녀들의 생각이 매일 성령의 조명 아래 새로워지길 원합니다. 날마다 영의 생각이 자라고 세상의 얽매임으로부터 자유해지길 소망합니다. 이것이야말로 그리스도와 온전한 연합을 이루며 살아가는 복된 길입니다.

생각을 새롭게 하시는 주님,

사랑하는 자녀에게 땅에 속한 생각이 아닌 하늘에 속한
영의 생각을 허락해주시길 간구합니다.

아이의 생각을 사로잡아 주셔서 이 세대를 본받지 말고
오직 마음을 새롭게 함으로 변화를 받아 하나님의 선하
시고 기뻐하시고 온전하신 뜻이 무엇인지 분별하게 해
주세요.

하나님을 아는 것에 대적하는 교만한 생각, 말씀을 이
해하지 못하도록 방해하는 고집스런 생각, 복음의 빛을
막는 어두운 생각 등 하나님을 거역하려는 모든 이론과
생각의 진을 허물어 주세요.

겸손한 마음과 깨끗한 생각으로 하나님의 말씀을 배우
고, 의롭지 못한 생각을 그리스도 앞에 믿음으로 복종
시키게 해주세요.

주님, 아이가 자신을 속이고 유혹에 빠트리는 모든 악
독한 생각과 가르침, 이단과 잘못된 교훈에 빠지지 않

도록 붙들어 주세요. 불의한 생각과 진리에 대한 편견
을 버리고 그리스도를 아는 지식에서 자라가며 주님과
온전한 연합을 이루게 해주세요.

사랑하는 아이가 날마다 주님과 함께 생각하고 순종함
으로써 참된 자유를 누리고 주님을 아는 부요함 가운데
강건해지길 간절히 원합니다.

보혈 의지하여 예수님의 이름으로 기도합니다. 아멘.

우리의 싸우는 무기는 육신에 속한 것이 아니요 오직 어떤 견고한 진도 무너뜨리는 하나님의 능력이라 모든 이론을 무너뜨리며 하나님 아는 것을 대적하여 높아진 것을 다 무너뜨리고 모든 생각을 사로잡아 그리스도에게 복종하게 하니. 고후 10:4-5

그 중에 이 세상의 신이 믿지 아니하는 자들의 마음을 혼미하게 하여 그리스도의 영광의 복음의 광채가 비치지 못하게 함이니 그리스도는 하나님의 형상이니라. 고후 4:4

누가 철학과 헛된 속임수로 너희를 사로잡을까 주의하라 이것은 사람의 전통과 세상의 초등학문을 따름이요 그리스도를 따름이 아니니라. 골 2:8

많은 사람이 내 이름으로 와서 이르되 나는 그리스도라 하여 많은 사람을 미혹하리라 … 거짓 선지자가 많이 일어나 많은 사람을 미혹하겠으며. 마 24:5,11

우리가 다 하나님의 아들을 믿는 것과 아는 일에 하나가 되어 온전한 사람을 이루어 그리스도의 장성한 분량이 충만한 데까지 이르리니. 엡 4:13

또한 모든 것을 해로 여김은 내 주 그리스도 예수를 아는 지식이 가장 고상하기 때문이라 내가 그를 위하여 모든 것을 잃어버리고 배설물로 여김은 그리스도를 얻고. 빌 3:8

악인은 그의 길을, 불의한 자는 그의 생각을 버리고 여호와께로 돌아오라 그리하면 그가 긍휼히 여기시리라 우리 하나님께로 돌아오라 그가 너그럽게 용서하시리라. 사 55:7

부모를 안아주는
단비 축복

생각을 주관하시는 주님,
사랑하는 자녀를 위하여 부르짖는 저를 축복해주세요.
제가 사망의 생각에 갇혀 있지 않도록 지켜 주시고, 땅
에 속한 생각이 아닌 하늘에 속한 생각으로 자녀를 양
육할 수 있도록 인도해주세요. 제게 하나님의 선하시
고 온전하신 뜻이 무엇인지 분별할 수 있는 지혜를 주
셔서 주의 선하신 뜻을 따라 살아가게 해주세요. 예수
님의 이름으로 기도합니다. 아멘.

나의 사랑하는 자녀야

어둡고 우울한 생각에서 어서 빠져 나오너라
사람의 일을 생각하지 말고
생명과 평안을 주는 나의 일을 생각하여라

DAY 10

회개에 이르는 생각

자녀가 불의한 생각을 내려놓고 회개하길 기도합니다

악인은 그의 길을, 불의한 자는 그의 생각을 버리고 여호와께로 돌아오라. 이사야 55:7

회개란 죄로 인해 하나님의 생명에서 떠나 있는 비참한 자신의 상태를 깨닫고 죄를 고백하며 그분의 뜻에 순종할 것을 결심하고 매진하는 상태를 말합니다. 그래서 회개는 죄로부터 돌이키는 거룩한 삶을 향한 첫 걸음이 됩니다.

그렇다면 우리는 어떻게 거룩한 삶을 살아갈 수 있을까요? 이를 위해서는 우리의 모든 생각, 말, 행동이 말씀과 성령의 지배 아래 놓여야 합니다. 육신의 정욕을 제어하고, 의롭고 경건한 삶을 살아야 합니다. 성경은 우리에게 회개에 합당한 열매를 맺을 것을 요구합니다.

생각의 변화는 감정과 의지적 결단보다 선행되므로 생명에 이르는 회개를 이루려면 먼저 우리의 생각이 바르게 되어야 합니다. 이를 위해 늘 자신의 생각을 살피고 주의해야 합니다. 악한 자들의 유혹과 믿지 않는 자들의 생각, 행동으로부터 자신을 보호해야 합니다. 사랑하는 자녀들이 모든 불의한 생각을 내려놓고 회개에 이르기를 간구합니다.

회개하는 자에게 은혜를 베푸시는 주님,

사랑하는 자녀에게 죄를 회개하고 하나님의 뜻에 순종
할 수 있는 믿음을 허락해주시길 간구합니다.

아이가 악인이 죽는 것을 기뻐하지 않으시는 주님을,
죄인이 그 길에서 돌이키길 원하시는 주님의 마음을 더
욱 경험하길 원합니다. 주님을 인격적으로 만나는 가운
데 자신의 모든 죄악 된 생각과 행동을 회개하고 주께
로 돌아오게 해주세요.

아이가 죄를 짓는 자마다 죄의 종이 되고, 죄에게 종노
릇하는 것이 인생을 얼마나 곤고하게 만드는지 깨닫길
원합니다. 그래서 생각으로 짓는 어떠한 죄도 가벼이
여기지 않게 해주세요.

아이의 연약함이 죄악 된 생각으로 흘러가지 않도록 붙
들어 주세요. 자신의 약함을 인정하고 주께 나아가 아
뢰도록 인도해주세요. 아이의 모든 생각이 주의 말씀을
따라 바르게 심기고 고정되게 해주세요.

주님, 아이 안에 죄를 고백하고 죄를 미워하며 죄에서 떠나길 원하는 의지적인 마음이 계속해서 자라게 해주세요. 죄와 맞서 싸울 수 있는 믿음과 용기도 허락해주세요. 하나님의 뜻과 맞지 않는 죄악 된 생각과 말을 분별하여 멀리하게 해주세요.

아이가 자신이 지은 죄와 이 땅의 죄에 대하여 애통해하며 기도하게 해주세요. 자신의 마음과 생각을 낮추어 주의 구원을 바라며 회개할 때, 구원의 은총을 베풀어주세요. 마음에 임한 충만한 기쁨과 자유함으로 거룩한 삶을 향하여 담대히 나아갈 수 있도록 인도해주세요.

보혈 의지하여 예수님의 이름으로 기도합니다. 아멘.

나는 악인이 죽는 것을 기뻐하지 아니하고 악인이 그의 길에서 돌이켜 떠나 사는 것을 기뻐하노라. 겔 33:11

예수께서 대답하시되 진실로 진실로 너희에게 이르노니 죄를 범하는 자마다 죄의 종이라. 요 8:34

오호라 나는 곤고한 사람이로다 이 사망의 몸에서 누가 나를 건져 내랴. 롬 7:24

만일 우리가 우리 죄를 자백하면 그는 미쁘시고 의로우사 우리 죄를 사하시며. 요일 1:9

청년이 무엇으로 그 행실을 깨끗하게 하리이까 주의 말씀만 지킬 따름이니이다 … 내가 주께 범죄하지 아니하려 하여 주의 말씀을 내 마음에 두었나이다. 시 119:9,11

자기의 죄를 숨기는 자는 형통하지 못하나 죄를 자복하고 버리는 자는 불쌍히 여김을 받으리라. 잠 28:13

거역하는 자를 온유함으로 훈계할지니 혹 하나님이 그들에게 회개함을 주사 진리를 알게 하실까 하며 그들로 깨어 마귀의 올무에서 벗어나 하나님께 사로잡힌 바 되어 그 뜻을 따르게 하실까 함이라. 딤후 2:25-26

너희가 죄와 싸우되 아직 피흘리기까지는 대항하지 아니하고. 히 12:4

내가 행악자의 집회를 미워하오니 악한 자와 같이 앉지 아니하리이다. 시 26:5

믿음의 선한 싸움을 싸우라 영생을 취하라. 딤전 6:12

내가 의인을 부르러 온 것이 아니요 죄인을 불러 회개시키러 왔노라. 눅 5:32

부모를 안아주는
단비 축복

생각을 주관하시는 주님,
사랑하는 자녀를 위하여 부르짖는 저를 축복해주세요.
저와 저희 가정을 죄와 사망에서 건져 주신 주님께 감
사드리며 그 이름을 찬양합니다. 꼬리에 꼬리를 물고
미리 걱정하고 낙심하는 생각들로부터 저를 건져 주시
고, 날마다 회개의 자리로 나아가도록 인도해주세요.
회개에 합당한 열매를 주께 드리길 원하며 예수님의
이름으로 기도합니다. 아멘.

나의 사랑하는 자녀야

은혜로우며 자비롭고
노하기를 더디하는 내게로
너는 마음을 다하여 돌아오렴

영의 생각

자녀의 생각이 생명으로 이어지길 기도합니다

육신의 생각은 사망이요
영의 생각은 생명과 평안이니라. 로마서 8:6

존 오웬은 '영의 생각'에 대하여 이렇게 말합니다.

"신자 속에 일어나는 새로운 영적 생명의 활동으로 영적인 것에 집중하고 그것에 대한 사랑을 키우며 그럼으로써 지극한 만족을 누리는 것이다."

영의 생각은 위의 것을 생각하고(골 3:2), 성령의 인도하심을 따라 성도로서의 마땅한 삶을 살아가게 합니다. 반면, 육신의 생각은 하나님과 원수가 되고 그분을 기쁘시게 하지 못하며 사망으로 인도합니다. 사탄은 우리 자녀들의 생각을 빼앗으려고 안달이 나 있습니다. 아이들의 생각에 세상의 사상과 방식을 채우려고 안간힘을 씁니다. 아이들이 좋아하는 노래, 춤, 영화, 만화, 게임 등을 통하여 육신의 생각을 심습니다.

생각은 조금만 방심해도 세상을 향해 달려가므로 우리는 매순간 자녀들의 마음에 하나님의 영이 함께 하심을 일깨워야 합니다. 아이가 하나님과 함께 생각하고 그분의 말씀에 귀 기울여 영으로써 몸의 행실을 죽이고, 성령의 인도하심을 따라 살아가도록 본을 보이며 인도해야 합니다. 이로써 우리 자녀들은 참된 평안과 생명을 얻을 것입니다.

성령으로 함께 하시는 주님,

사랑하는 자녀에게 영의 생각으로 살아가는 은혜를 허락해주시길 간구합니다. 아이가 자신의 마음에 하나님의 영이 거하심을 알고 그 선한 능력을 힘입어 영으로써 육신의 생각과 행실을 죽이게 해주세요.

아이가 갓난아이처럼 순전하고 신령한 하늘의 젖을 사모하게 해주세요. 아이에게 지혜와 계시의 영을 주사 하나님을 더욱 알게 해주세요.

아이가 성령의 인도하심을 따라 사랑과 희락, 화평과 오래 참음, 자비와 양선, 충성과 온유, 절제의 열매를 맺는 삶을 살아가게 해주세요. 하나님이 이루신 선하신 일들에 집중하고 그 안에서 생명과 평안의 복을 누리게 해주세요.

아이가 위의 것을 생각하고 땅의 것을 생각하지 않게 해주세요. 성적 타락이나 세상의 우상, 주술, 게임, 도박, 약물과 같은 것에 빠지지 않도록 붙들어 주세요. 원수 맺는 것, 분쟁, 시기, 분냄, 당 짓는 것 등 분열을 일으키는 모든 생각을 멀리하게 해주세요.

주님, 아이가 육신의 생각이 하나님과 원수가 되고 사망으로 이끈다는 것을 늘 기억하며 살아가길 원합니다. 살리시는 영의 생각을 따라 하나님께 그 마음을 고정하게 해주시고, 연약함을 도우시는 성령님을 의지하여 살아가게 해주세요.

세상에서는 미움을 받을지라도 현재의 고난이 장차 나타날 영광과 비교할 수 없음을 알기에 믿음으로 승리하게 해주세요.

보혈 의지하여 예수님의 이름으로 기도합니다. 아멘.

육신의 생각은 하나님과 원수가 되나니 이는 하나님의 법에 굴복하지 아니할 뿐 아니라 할 수도 없음이라 … 너희가 육신대로 살면 반드시 죽을 것이로되 영으로써 몸의 행실을 죽이면 살리니. 롬 8:7,13

너희는 너희가 하나님의 성전인 것과 하나님의 성령이 너희 안에 계시는 것을 알지 못하느냐. 고전 3:16

갓난 아기들 같이 순전하고 신령한 젖을 사모하라 이는 그로 말미암아 너희로 구원에 이르도록 자라게 하려 함이라. 벧전 2:2

우리 주 예수 그리스도의 하나님, 영광의 아버지께서 지혜와 계시의 영을 너희에게 주사 하나님을 알게 하시고. 엡 1:17

육체의 일은 분명하니 곧 음행과 더러운 것과 호색과 우상 숭배와 주술과 원수 맺는 것과 분쟁과 시기와 분냄과 당 짓는 것과 분열함과 이단과 투기와 술 취함과 방탕함과 또 그와 같은 것들이라 오직 성령의 열매는 사랑과 희락과 화평과 오래 참음과 자비와 양선과 충성과 온유와 절제니 이 같은 것을 금지할 법이 없느니라. 갈 5:19-23

위의 것을 생각하고 땅의 것을 생각하지 말라. 골 3:2

하나님의 성령을 근심하게 하지 말라 그 안에서 너희가 구원의 날까지 인치심을 받았느니라. 엡 4:30

생각하건대 현재의 고난은 장차 우리에게 나타날 영광과 비교할 수 없도다. 롬 8:18

부모를 안아주는
단비 축복

생각을 주관하시는 주님,
사랑하는 자녀를 위하여 부르짖는 저를 축복해주세요.
주의 성령으로 저를 충만케 해주세요. 제가 생명과 평
안을 주는 영의 생각을 하고, 성령의 열매 맺는 복된
삶을 살아가도록 인도해주세요. 아이에게서 제 욕심을
채우지 않고, 아이를 육신의 생각으로 이끌지 않도록
인도해주세요. 예수님의 이름으로 기도합니다. 아멘.

나의 사랑하는 자녀야

나의 영으로 인도함을 받는 너를,
나를 아빠 아버지라고 부르는 너를,
그 누구도 정죄할 수 없으며
나의 사랑에서 끊을 수 없단다

지혜로운 생각

자녀의 생각이 신령한 지혜로 채워지길 기도합니다

너희로 하여금 모든 신령한 지혜와 총명에
하나님의 뜻을 아는 것으로 채우게 하시고. 골로새서 1:9

똑똑한 아이보다 지혜로운 아이가 더 사랑을 받습니다. 똑똑함은 내 노력으로 얻는 것이지만 지혜는 하나님께 구할 때 그분이 주시는 것이기 때문입니다. 이 땅에서 예수님도 지혜와 키가 자라며 하나님과 사람들에게 사랑스러워 가셨습니다.

참 지혜는 그리스도와 하나님을 아는 것입니다. 그리스도를 통한 하나님의 구원의 계획과 그분의 뜻을 밝히 아는 것입니다. 우리가 성도의 길을 보존하고 선한 길을 깨달아 영혼을 즐겁게 하는 지혜를 구하길 원합니다. 사랑하는 자녀를 품에 안고 우리의 생각보다 높으시고 모든 지혜이신 주께로 나아가길 원합니다.

우리의 자녀들이 은을 구하듯, 감추어진 보배를 찾듯 지혜를 구하기를 소망합니다. 주께서 신령한 지혜와 총명을 주셔서 그들을 통하여 하나님 나라의 아름다움과 능력을 밝히 드러내시기를 바라며 기도합니다.

참 지혜이신 주님,

사랑하는 자녀에게 신령한 지혜와 총명을 주셔서 하나님을 아는 것에 자라게 해주세요.

아이가 주의 뜻 가운데 합당하게 행하기를 힘쓰며 주를 기쁘시게 하길 원합니다. 아이의 생각에 하나님의 뜻을 아는 지혜로 채워 주세요. 그리스도를 깨닫는 참 지혜를 주셔서 그분 안에 감추어진 지혜와 지식의 모든 보화를 깨닫게 해주세요. 하나님을 아는 것보다 높아진 모든 생각을 사로잡아 그리스도께 복종하게 해주세요.

주님, 아이가 학업에 정진할 수 있도록 지혜를 부어주세요. 깊은 하나님의 지혜와 지식의 풍성함을 주셔서 자신이 속한 분야에서 하늘의 놀라운 지혜를 드러내게 해주세요.

시간과 재능을 바르게 사용할 수 있는 지혜와 사람들 간에 관계의 지혜를 허락해주셔서 주께 영광을 돌리게 해주세요. 하나님의 뜻을 찾아 나아갈 때에 주의 인도하심을 바르게 따르는 성숙한 지혜자의 삶을 허락해주세요.

아이가 성결하며 화평하고 너그러우며 양순하고 편견과 거짓 없는 모습으로 그리스도 안에 완전한 자로 세워져 가길 간절히 원합니다. 늘 주의 영의 충만함을 입은 하나님의 자녀로 살아가게 해주세요. 그 삶에 의의 열매가 가득하여 하나님의 영광과 찬송이 되게 해주세요.

보혈 의지하여 예수님의 이름으로 기도합니다. 아멘.

너희로 하여금 모든 신령한 지혜와 총명에 하나님의 뜻을 아는 것으로 채우게 하시고 주께 합당하게 행하여 범사에 기쁘시게 하고 모든 선한 일에 열매를 맺게 하시며 하나님을 아는 것에 자라게 하시고. 골 1:9-10

이는 그들로 마음에 위안을 받고 사랑 안에서 연합하여 확실한 이해의 모든 풍성함과 하나님의 비밀인 그리스도를 깨닫게 하려 함이니 그 안에는 지혜와 지식의 모든 보화가 감추어져 있느니라. 골 2:2-3

하나님 아는 것을 대적하여 높아진 것을 다 무너뜨리고 모든 생각을 사로잡아 그리스도에게 복종하게 하니. 고후 10:5

깊도다 하나님의 지혜와 지식의 풍성함이여, 그의 판단은 헤아리지 못할 것이며 그의 길은 찾지 못할 것이로다. 롬 11:33

오직 위로부터 난 지혜는 첫째 성결하고 다음에 화평하고 관용하고 양순하며 긍휼과 선한 열매가 가득하고 편견과 거짓이 없나니. 약 3:17

우리가 그를 전파하여 각 사람을 권하고 모든 지혜로 각 사람을 가르침은 각 사람을 그리스도 안에서 완전한 자로 세우려 함이니. 골 1:28

그의 위에 여호와의 영 곧 지혜와 총명의 영이요 모략과 재능의 영이요 지식과 여호와를 경외하는 영이 강림하시리니. 사 11:2

내가 기도하노라 너희 사랑을 지식과 모든 총명으로 점점 더 풍성하게 하사 너희로 지극히 선한 것을 분별하며 또 진실하여 허물없이 그리스도의 날까지 이르고 예수 그리스도로 말미암아 의의 열매가 가득하여 하나님의 영광과 찬송이 되기를 원하노라. 빌 1:9-11

부모를 안아주는
단비 축복

생각을 주관하시는 주님,
사랑하는 자녀를 위하여 부르짖는 저를 축복해주세요.
제가 거짓되고 헛된 지식으로부터 스스로를 보호하고
하늘의 지혜로 가르치고 권면하는 부모가 되길 원합
니다. 아이가 분별하지 못하고 세상의 가치를 따를 때,
생명의 길로 인도할 수 있는 지혜를 허락해주세요. 예
수님의 이름으로 기도합니다. 아멘.

나의 사랑하는 자녀야

지혜가 부족하다고 여겨지느냐
후히 주고 꾸짖지 않는 내게 와서 구하여라
내가 네게 주는 모든 것은 아낌이 없단다

주를 경외하는 생각

자녀가 허망한 생각에 빠지지 않길 기도합니다

꿈이 많으면 헛된 일들이 많아지고 말이 많아도 그러하니
오직 너는 하나님을 경외할지니라. 전도서 5:7

'Daydreaming' 또는 'Daydreamer'라는 말이 있습니다. 이는 '몽상가'라는 뜻으로 현실성 없는 헛된 것을 자주 상상하고 생각하는 사람들을 가리켜 하는 말입니다. 다음은 관련된 한 이야기입니다.

무지개를 잡기 위해 길을 떠난 소년이 있었습니다. 무지개를 잡겠다는 꿈으로 험한 산을 넘고 강을 건너 무지개를 따라갔으나 결국 소년은 무지개를 잡을 수 없음을 알게 되었습니다. 집으로 돌아가기 위해 걸음을 뗐을 때, 소년은 어느덧 노인이 되어 있었습니다.

성경에도 이와 비슷한 이야기가 있습니다. 바로 돌아온 탕자 이야기입니다. 그는 아버지의 재산을 갖고 세상에 나가면 성공하리라는 헛된 생각을 품고 자기 뜻대로 하였으나 모든 것을 탕진하고 아버지 품으로 돌아왔습니다.

"사람이 마음으로 자기의 길을 계획할지라도 그의 걸음을 인도하시는 이는 여호와시니라"(잠 16:9)는 말씀처럼 결국 하나님을 경외하는 마음과 생각이 우리 삶을 참된 행복으로 이끕니다. 우리의 자녀들이 근심에 쌓인 허망한 생각들로 자신의 영혼을 어둡게 하지 않고, 오직 하나님을 경외함으로 놀라운 꿈을 이루며 살아가기를 소망합니다.

주를 경외하는 자에게 복 주시는 주님,

사랑하는 자녀가 늘 하나님을 경외하고 선한 것을 생각하게 해주세요.

하나님을 경외하는 것이 지혜의 근본이요 거룩하신 자를 아는 것이 명철의 시작임을 알아 하나님을 경외하고 바르게 알아가게 해주세요. 하나님께서 행하신 일들과 그 손으로 지으신 것을 생각하며 하나님을 더욱 경외하게 해주세요.

늘 주께 기도 드리며 주를 경외함으로 주신 지혜를 따라 참되고 옳은 것이 무엇인지 생각하게 해주세요. 감정적으로 반응하지 않고 신중하게 생각하는 습관을 기르도록 도와주세요.

아이의 마음이 헛되고 부질없는 망상으로 가득한 죄악의 거처가 되지 않도록 지켜 주세요. 허망하고 무가치한 것을 따르지 않으며 '하나님 없다' 하는 어리석은 생각에 빠지지 않도록 도와주세요.

헛된 생각에 빠져 소중한 시간과 힘을 빼앗기지 않도록 붙들어 주세요. 주께서 주신 재능을 발전시키고, 마땅히 충실해야 하는 일에 나태해지지 않도록 인도해주세요.

자녀가 주를 경외함으로 생명에 이르고, 주를 경외함으로 족한 은혜가 임하길 원합니다. 주를 경외함으로 선택해야 할 기로 앞에서 갈 길을 가르치시는 하나님을 경험하길 간구합니다.

무엇을 하든지 말에나 일에나 다 예수의 이름으로 하고, 그 이름을 힘입어 하나님 아버지께 감사하는 삶을 살아가게 해주세요. 주를 경외하기에 작은 것에서부터 충성하는 신실함을 키워가게 해주세요. 주께서 허락하신 모든 것을 유익하게 하는 자로 살아가게 해주세요.

보혈 의지하여 예수님의 이름으로 기도합니다. 아멘.

여호와를 경외하는 것이 지혜의 근본이요 거룩하신 자를 아는 것이 명철이니라. 잠 9:10

그들은 여호와께서 행하신 일과 손으로 지으신 것을 생각하지 아니하므로 여호와께서 그들을 파괴하고 건설하지 아니하시리로다. 시 28:5

그가 경건하여 온 집안과 더불어 하나님을 경외하며 백성을 많이 구제하고 하나님께 항상 기도하더니. 행 10:2

끝으로 형제들아 무엇에든지 참되며 무엇에든지 경건하며 무엇에든지 옳으며 무엇에든지 정결하며 무엇에든지 사랑 받을 만하며 무엇에든지 칭찬 받을 만하며 무슨 덕이 있든지 무슨 기림이 있든지 이것들을 생각하라. 빌 4:8

오직 나그네를 대접하며 선행을 좋아하며 신중하며 의로우며 거룩하며 절제하며. 딛 1:8

어리석은 자는 그의 마음에 이르기를 하나님이 없다 하는도다 그들은 부패하고 그 행실이 가증하니 선을 행하는 자가 없도다. 시 14:1

여호와를 경외하는 것은 사람으로 생명에 이르게 하는 것이라 경외하는 자는 족하게 지내고 재앙을 당하지 아니하느니라. 잠 19:23

여호와를 경외하는 자 누구냐 그가 택할 길을 그에게 가르치시리로다. 시 25:12

무엇을 하든지 말에나 일에나 다 주 예수의 이름으로 하고 그를 힘입어 하나님 아버지께 감사하라. 골 3:17

지극히 작은 것에 충성된 자는 큰 것에도 충성되고 지극히 작은 것에 불의한 자는 큰 것에도 불의하니라. 눅 16:10

부모를 안아주는
단비 축복

생각을 주관하시는 주님,
사랑하는 자녀를 위하여 부르짖는 저를 축복해주세요.
제 평생에 주님만을 경외하고 진실히 섬기길 원합니
다. 자녀를 양육할 때, 주께서 아이에게 허락하신 재능
을 잘 살펴 바른길로 인도하고 걱정과 근심되는 일로
짐을 지우지 않게 해주세요. 제 모든 생각과 행동이 아
이가 주를 경외하도록 인도하길 원하며 예수님의 이름
으로 기도합니다. 아멘.

나의 사랑하는 자녀야

네 남편의 손에는 수고의 열매가 가득하구나
네 아내는 결실한 포도나무 같으며
네 식탁에 둘러앉은 자녀는 어린 감람나무 같구나
이것이 나를 경외하는 자가 얻는 복이란다

선하고 가치 있는 생각

자녀가 선한 생각으로 삶을 경영하길 기도합니다

대저 그 마음의 생각이 어떠하면
그 위인도 그러한즉. 잠언 23:7

마음은 우리 행동의 동기가 되고, 생각은 우리 삶의 길이 됩니다. 리차드 백스터 목사는 '생각'에 대하여 이렇게 말했습니다.

"악한 생각과 악한 행동은 같은 샘에서 나오는 것이며 같은 본질을 가지고 있다. 악한 행동을 성장하여 물을 수 있는 뱀이라고 한다면, 악한 생각은 새끼 뱀과 같아서 그 안에 여전히 독을 품고 있는 것과 같다. 더러운 생각은 같은 더러운 웅덩이에서부터 오는 것이요, 인간의 실제적 더러움, 즉 죄성과 부패성으로부터 오는 것인데 생각은 실제 행동으로 가는 통로이다. 생각은 아직 다 자라지 않았을 뿐 여전히 본질은 동일한 죄이며 보다 무르익은 죄로 나아가는 중이라는 것을 알아야 한다."

평소에 자주 하는 생각은 말과 행동으로 반드시 드러나고 우리 자신의 인격과 삶의 수준을 정합니다. 그러므로 우리와 우리 자녀들은 선하고 가치 있는 것들에 생각을 고정하고 삶을 경영해 나가야 합니다. 자녀들이 그리스도를 생각함으로 그분의 선한 생각을 배워나간다면 우울하고 어둔 생각을 쉬이 분별하여 몰아낼 수 있을 것입니다. 자녀들이 참된 그리스도인으로 자라가도록 사랑과 인내로 인도하기를 소망합니다.

선한 생각으로 인도하시는 주님,

사랑하는 자녀의 생각을 아시는 주님께서 그 마음에 있는 악한 생각들을 제하여 주세요. 선한 양심을 갖게 해주시고 선한 생각과 행동으로 이끌어 주시길 기도합니다.

아이의 마음에 하나님 두기를 싫어하지 않게 해주시고, 게으르고 나태하게 만드는 어리석은 생각의 진을 모두 무너뜨려 주세요. 주께 합당한 삶을 사는 자녀가 되게 해주세요.

아이가 진리를 대적하고 하나님과 원수 되게 하는 육신의 생각을 품지 않게 해주세요. 하나님의 법에 굴복할 수 있는 겸손한 생각을 주시고, 불의한 생각들로 인해 하늘의 지혜가 소멸되지 않도록 지켜 주세요.

아이가 죄에 무뎌지지 않도록 늘 자신의 마음을 기경하고 깨어 기도하게 해주세요. 아무리 작은 악한 생각이라도 가벼이 여기지 않고 경계하게 해주세요.

아이가 그리스도를 향한 진실함과 깨끗함에서 자라나

도록 해주세요. 진중함과 총명함을 허락해주시고 또렷한 기억력을 소유하게 해주세요. 선함과 가치 있는 것에 자신의 마음과 생각을 쏟게 해주세요.

예수그리스도의 얼굴에 있는 하나님의 영광을 아는 빛을 비추사 아이의 영의 눈을 열어주세요. 선하고 가치 있는 영의 생각을 갖게 해주세요. 그 생각이 자라 주를 즐거워하게 해주세요.

주님, 아이의 심령이 새롭게 되어 하나님을 따라 의와 진리의 거룩함으로 옷 입은 새사람으로 살아가길 원합니다. 그리스도의 거룩하고 아름다운 영광을 아이 마음에 비춰 주셔서 타락한 모습이 얼마나 추하고 더러운지를 깨닫게 해주세요. 그래서 자신의 생각을 정결함으로 굳게 하고, 주님의 영광의 빛을 드러내는 삶을 살아가도록 인도해주세요.

보혈 의지하여 예수님의 이름으로 기도합니다. 아멘.

더 깊은 기도로 이끄는
단비 말씀

예수께서 그 생각을 아시고 이르시되 너희가 어찌하여 마음에 악한 생각을 하느냐. 마 9:4

선한 양심을 가지라 이는 그리스도 안에 있는 너희의 선행을 욕하는 자들로 그 비방하는 일에 부끄러움을 당하게 하려 함이라. 벧전 3:16

또한 그들이 마음에 하나님 두기를 싫어하매 하나님께서 그들을 그 상실한 마음대로 내버려 두사 합당하지 못한 일을 하게 하셨으니. 롬 1:28

네가 좀 더 자자, 좀 더 졸자, 손을 모으고 좀 더 누워 있자 하니 네 빈궁이 강도 같이 오며 네 곤핍이 군사 같이 이르리라. 잠 24:33-34

예수 그리스도의 얼굴에 있는 하나님의 영광을 아는 빛을 우리 마음에 비추셨느니라. 고후 4:6

육신의 생각은 하나님과 원수가 되나니 이는 하나님의 법에 굴복하지 아니할 뿐 아니라 할 수도 없음이라. 롬 8:7

그들의 총명이 어두워지고 그들 가운데 있는 무지함과 그들의 마음이 굳어짐으로 말미암아 하나님의 생명에서 떠나 있도다. 엡 4:18

뱀이 그 간계로 하와를 미혹한 것 같이 너희 마음이 그리스도를 향하는 진실함과 깨끗함에서 떠나 부패할까 두려워하노라. 고후 11:3

선한 사람은 마음에 쌓은 선에서 선을 내고 악한 자는 그 쌓은 악에서 악을 내나니 이는 마음에 가득한 것을 입으로 말함이니라. 눅 6:45

오직 너희의 심령이 새롭게 되어 하나님을 따라 의와 진리의 거룩함으로 지으심을 받은 새 사람을 입으라. 엡 4:23-24

부모를 안아주는
단비 축복

생각을 주관하시는 주님,
사랑하는 자녀를 위하여 부르짖는 저를 축복해주세요.
제가 아이와 함께 서로의 생각을 나누는 시간을 자주
가질 수 있도록 인도해주세요. 제 생각을 아이에게 강
요하지 않고, 제 잘못과 연약함을 솔직히 인정하게 해
주세요. 주님, 아이가 심령이 새롭게 되어 하나님을 따
라 의와 진리의 거룩함으로 지으심 받은 새 사람을 입
기까지 제 기도가 멈추지 않게 해주세요. 예수님의 이
름으로 기도합니다. 아멘.

나의 사랑하는 자녀야

나는 언제나 네 마음을 격려하고 있단다
네가 선한 일을 하고
선한 말을 하도록 인도하고 있단다

예수를 향한 생각

자녀가 예수를 깊이 생각하길 기도합니다

그러므로 함께 하늘의 부르심을 받은
거룩한 형제들아 우리가 믿는 도리의 사도이시며
대제사장이신 예수를 깊이 생각하라. 히브리서 3:1

"구주를 생각만 해도"(찬송가 85장)라는 찬양이 있습니다. J.B.
다이크스가 베르나르의 시에 곡을 붙인 찬송으로 라틴어 원제
는 "아름다운 예수에 대한 묵상이 내 맘에 참 기쁨을 주네"입
니다. 중세시대에 가장 복음적이고 아름다운 곡으로 일컬어지
는 이 찬송시가 쓰일 당시 교회는 세속에 물들어 도덕적으로,
영적으로 매우 타락한 상태였습니다. 그때 이 찬송시는 주님만
을 생각하고 회개하며 소망을 찾는 수많은 영혼들을 깊이 위로
해주었습니다.

오늘날도 동일하게 예수님은 우리의 위로와 소망이 되어 주십
니다. 그래서 우리가 예수님을 깊이 생각하며 노래할 때, 마음
이 북받쳐 오르고 감사와 감격의 샘 줄기가 터지는 것입니다.

우리의 자녀들이 예수님을 깊이 생각하며 평생에 노래하기를
소망합니다. 회개를 통해 참된 기쁨을 경험하고, 주님이 나의
영광이 되어 주시길 소망하는 생각이 날마다 깊어지길 간구합
니다.

나의 소망, 나의 기쁨 되시는 주님,

주 앞에 나아가 찬송으로 간구합니다.

"구주를 생각만 해도 내 맘이 좋거든 주 얼굴 뵈올 때
에야 얼마나 좋으랴. 만민의 구주 예수여 귀하신 이름
은 천지에 온갖 이름 중 비할 데 없도다. 참 회개하는
자에게 소망이 되시고 구하고 찾는 자에게 기쁨이 되
신다. 예수의 넓은 사랑을 어찌 다 말하랴 주 사랑 받은
사람만 그 사랑 알도다. 사랑의 구주 예수여 내 기쁨 되
시고 이제와 또한 영원히 영광이 되소서."

주님, 이 아름다운 찬양을 통하여 사랑하는 자녀의 마
음과 제 마음에 기쁨과 은혜를 충만히 부어 주셔서 감
사합니다. 아이가 날마다 주의 얼굴을 구하게 해주시고,
주를 향한 소망의 마음이 더욱 굳건해지게 해주세요.

아이가 비할 수 없이 귀한 예수님의 이름을 평생 깊이
묵상하고 사랑하길 원합니다. 주를 깊이 생각하는 마음
이 거룩한 습관이 되기까지 이끌어 주세요. 아이가 참
회개하는 자에게 소망이 되시는 주를 찾을 때마다 만나

주시고 구원을 베풀어 주세요.

주님, 아이의 생각을 세상이 알 수 없는 기쁨으로 채워 주시길 간구합니다. 아이가 주를 깊이 생각하며 맛본 감사와 평강으로 이 악한 세상을 굳건히 걸어갈 수 있도록 붙들어 주세요.

측량할 수 없는 주의 사랑 안에 잠길 때, 아이의 기쁨이 되어 주시고 지금부터 영원까지 아이의 영광이 되어 주세요.

보혈 의지하여 예수님의 이름으로 기도합니다. 아멘.

나의 생전에 여호와를 찬양하며 나의 평생에 내 하나님을 찬송하리로다. 시 146:2

하나님이여 사슴이 시냇물을 찾기에 갈급함 같이 내 영혼이 주를 찾기에 갈급하니이다 내 영혼이 하나님 곧 살아 계시는 하나님을 갈망하나니 내가 어느 때에 나아가서 하나님의 얼굴을 뵈올까. 시 42:1-2

내가 너희에게 이르노니 이와 같이 죄인 한 사람이 회개하면 하나님의 사자들 앞에 기쁨이 되느니라. 눅 15:10

주께서 내 마음에 두신 기쁨은 그들의 곡식과 새 포도주가 풍성할 때보다 더하니이다. 시 4:7

평안을 너희에게 끼치노니 곧 나의 평안을 너희에게 주노라 내가 너희에게 주는 것은 세상이 주는 것과 같지 아니하니라 너희는 마음에 근심하지도 말고 두려워하지도 말라. 요 14:27

내가 이것을 너희에게 이름은 내 기쁨이 너희 안에 있어 너희 기쁨을 충만하게 하려 함이라. 요 15:11

우리 생명이신 그리스도께서 나타나실 그 때에 너희도 그와 함께 영광 중에 나타나리라. 골 3:4

주의 이름이 선하시므로 주의 성도 앞에서 내가 주의 이름을 사모하리이다. 시 52:9

구하라 그리하면 너희에게 주실 것이요 찾으라 그리하면 찾아낼 것이요 문을 두드리라 그리하면 너희에게 열릴 것이니. 마 7:7

주를 찾는 자는 다 주 안에서 즐거워하고 기뻐하게 하시며 주의 구원을 사랑하는 자는 항상 말하기를 여호와는 위대하시다 하게 하소서. 시 40:16

부모를 안아주는
단비 축복

생각을 주관하시는 주님,

제가 주님을 생각하는 것만으로도 이렇게 마음이 좋은 것은 모두 주님의 은혜입니다. 제 평생 이 마음이 변치 않고 주님만을 갈망하게 해주세요. 장차 주 얼굴 뵈올 때 기쁨과 영광 속에서 주를 뵙는 저희 가정이 되길 바랍니다. 부르심을 받은 삶에 허락하신 구원의 축복들을 깨닫게 하시고 누리게 하시고 나누게 하셔서 주의 영광 드러내는 우리와 후대들의 삶이 되게 해주세요. 예수님이 이름으로 기도합니다. 아멘.

나의 사랑하는 자녀야

나의 사랑, 너는 어여쁘고 아무 흠이 없구나
네 사랑이 어찌 그리 아름다운지 어찌 그리 화창한지
너를 생각할 때마다 내 마음이 즐겁구나

소망을 잃지 않는 생각

자녀의 생각이 아침마다 새로워지길 기도합니다

여호와의 인자와 긍휼이 무궁하시므로 우리가
진멸되지 아니함이니이다 이것들이 아침마다 새로우니
주의 성실하심이 크시도소이다. 예레미야애가 3:22-23

성이 파괴되고 성전과 집들이 불타 없어지고 동족이 죽임을 당하며 포로로 끌려가는 처참한 현실 앞에서 과연 어느 누가 소망을 이야기할 수 있을까요? 예레미야 선지자도 자신의 생일을 저주하며 모태가 무덤이 되지 않았음과 자신의 삶이 오직 재앙과 슬픔, 부끄러움 속에서 끝나가는 것을 슬퍼했습니다. 막막한 현실 앞에서 다시 소망을 가지고 일어나기란 결코 쉬운 일이 아닙니다. 그런데 그 슬픔 속에서 희망의 빛이 일어납니다. 예레미야가 소망을 품고 기도하기 시작한 것입니다.

"이것을 내가 내 마음에 담아 두었더니 그것이 오히려 나의 소망이 되었사옴은." 애 3:21

예레미야가 이렇게 기도할 수 있었던 이유는 죽지 않고 살아서 매일 아침마다 새롭게 맞이하는 주님의 성실하심을 기억했기 때문입니다. 혹여 우리 자녀들에게도 이러한 절망과 슬픔이 있다면 예레미야의 기도를 기억하며 돕기를 원합니다. 아침마다 맛보는 주의 성실하심이 늘 새로울 수 있도록 은혜를 구합니다. 오늘도 살아 있기에 소망을 품게 해주신 주님께 감사드립니다.

인자와 긍휼이 한이 없으신 주님,

사랑하는 자녀가 아침마다 주의 성실하심을 입고 깨어
나기를 간구합니다. 낙심과 좌절로 물든 생각, 억울하
고 원망하는 마음이나 상한 마음을 품은 채로 아침을
맞이하지 않도록 도와주세요. 혹여 그럴지라도 그 마음
과 생각을 온전히 주께 맡기고 새로이 하루를 시작할
수 있도록 인도해주세요.

아이가 의식과 무의식의 영역 속에 자리 잡은 어둡고
아픈 기억들로 인하여 하나님과 사람에게 죄를 범하지
않도록 그 마음과 입술을 지켜 주세요. 주님이 지우신
멍에를 불평하거나 원망하지 않고 잠잠히 주를 바라며
소망하게 해주세요. 우리가 고생하고 근심하는 것이 주
의 본심이 아님을 깨닫고 자신을 살펴 주께로 돌이키게
해주세요.

죄악과 원수로 인해 울부짖으며 간구한 예레미야에
게 한없는 인자와 긍휼을 베풀어 주신 주님, 사랑하는
저희 아이에게도 주의 인자하심과 긍휼하심을 베풀어
주세요.

그 은혜로 인하여 아이의 구부러지고 비뚤어진 생각이 바르게 되고, 닫힌 생각들이 열리길 원합니다. 자신을 비하하고 자책하는 생각들이 새로워져 지나간 과거의 기억과 아픈 상처가 치유되길 원합니다. 모든 우울한 생각이 사라지길 간절히 원합니다.

주님, 아이의 입에서 허망한 말을 제하여 주셔서 오직 주께만 감사하며 기도하게 해주세요. 아이의 생각이 주의 한없는 인자와 긍휼하심 속에 머물러 아침마다 새로운 주의 성실하심을 경험하게 해주세요. 허락해주신 하루를 감사하며 소망을 품고 나아갈 수 있도록 인도해주세요.

보혈 의지하여 예수님의 이름으로 기도합니다. 아멘.

내 고초와 재난 곧 쑥과 담즙을 기억하소서 내 마음이 그것을 기억하고 내가 낙심이 되오나 이것을 내가 내 마음에 담아 두었더니 그것이 오히려 나의 소망이 되었사옴은 여호와의 인자와 긍휼이 무궁하시므로 우리가 진멸되지 아니함이니이다 이것들이 아침마다 새로우니 주의 성실하심이 크시도소이다 내 심령에 이르기를 여호와는 나의 기업이시니 그러므로 내가 그를 바라리라 하도다 기다리는 자들에게나 구하는 영혼들에게 여호와는 선하시도다 … 주께서 인생으로 고생하게 하시며 근심하게 하심은 본심이 아니시로다. 애 3:19-25,33

구부러진 말을 네 입에서 버리며 비뚤어진 말을 네 입술에서 멀리하라. 잠 4:24

여호와는 은혜로우시며 긍휼이 많으시며 노하기를 더디 하시며 인자하심이 크시도다. 시 145:8

그리하면 네 빛이 새벽 같이 비칠 것이며 네 치유가 급속할 것이며 네 공의가 네 앞에 행하고 여호와의 영광이 네 뒤에 호위하리니 네가 부를 때에는 나 여호와가 응답하겠고 네가 부르짖을 때에는 내가 여기 있다 하리라 만일 네가 너희 중에서 멍에와 손가락질과 허망한 말을 제하여 버리고. 사 58:8-9

네가 만일 환난 날에 낙담하면 네 힘이 미약함을 보임이니라. 잠 24:10

주의 인자하심을 무덤에서, 주의 성실하심을 멸망 중에서 선포할 수 있으리이까 흑암 중에서 주의 기적과 잊음의 땅에서 주의 공의를 알 수 있으리이까 여호와여 오직 내가 주께 부르짖었사오니 아침에 나의 기도가 주의 앞에 이르리이다. 시 88:11-13

부모를 안아주는
단비 축복

생각을 주관하시는 주님,
사랑하는 자녀를 위하여 부르짖는 저를 축복해주세요.
저와 저희 가정을 향한 주님의 인자하심과 긍휼하심을
날마다 경험하길 원합니다. 어떤 상황 속에서도 소망
을 품고 주의 성실하심 가운데 복된 매일을 살아가도
록 인도해주세요. 과거의 상처에 매여 오늘의 기쁨과
감사를 놓치지 않도록 도와주세요. 예수님의 이름으로
기도합니다. 아멘.

나의 사랑하는 자녀야

나는 매일 아침마다
네게 인자와 긍휼로 관을 씌워 주고
가장 좋은 것으로 네 소원을 만족시켜 주길 원한단다

_____

_____

_____

_____

평강이 주장하는 생각

자녀의 생각을 평강으로 지켜 주시길 기도합니다

아무것도 염려하지 말고 다만 모든 일에 기도와 간구로
너희 구할 것을 감사함으로 하나님께 아뢰라 그리하면
모든 지각에 뛰어난 하나님의 평강이 그리스도 예수 안에서
너희 마음과 생각을 지키시리라. 빌립보서 4:6-8

평강(平康)이라는 말이 있습니다. 한자로 '평'은 바닥이 고르게 잘 정돈된 상태와 같이 걱정이나 다툼이 없는 화목한 상태를 말하고, '강'은 편안하게 누그러진 마음으로 이웃과의 온화한 관계뿐 아니라 풍년을 의미하는 풍성함과 즐거움을 의미합니다.

성경에서는 평강과 평안을 '샬롬' 또는 '에이레네'라는 단어로 표현하는데 이는 어떤 사람의 총체적인 안전, 온전한 상태, 만물의 정상적인 상태, 특별히 하나님과의 관계에서 갖는 평화와 이웃과의 평화로운 관계를 의미합니다.

평강의 상태는 하나님과의 바른 관계에서만 누릴 수 있는 것입니다. 죄가 있을 때 평강이 깨지는 이유도, 죄를 회개하고 돌이켰을 때 평강이 회복되는 이유도 모두 평강이 하나님과의 바른 관계에서 오는 열매이기 때문입니다. 우리 자녀들에게 참 평안을 주는 것은 이 세상에 없습니다. 오직 우리 주님께 있습니다. 참된 행복의 시작은 바로 하나님과의 관계 회복에 있음을 기억하고 이를 위하여 자녀들을 양육하길 원합니다.

평강 주시기를 원하는 주님,

사랑하는 자녀가 감사함으로 모든 걱정을 주께 맡기는
기도의 사람이 되길 간구합니다. 그 삶의 우선순위가
하나님과의 바른 관계가 되기를 원합니다. 아이가 주님
의 뜻에 저항하는 모든 악한 생각을 버리고 겸손히 주
께 복종케 해주세요.

아이가 두려운 생각, 오만하고 거만한 생각, 사랑과 긍
휼 없는 무정한 생각, 평강과 고요함을 깨뜨리는 소란
스러운 생각으로부터 벗어나길 원합니다. 마땅히 생각
할 그 이상의 생각을 품지 않게 해주시고, 믿음의 분량
대로 지혜롭게 생각하게 해주세요.

아이가 정의를 행하고 인자를 사랑하며 겸손히 하나님
과 동행하기 위하여 힘쓰기를 원합니다. 자신을 향한
하나님의 생각이 평안이요 재앙이 아니며 미래와 희망
을 주는 것임을 깨닫게 해주세요. 어떤 경우에도 흔들
리지 않고 한결같은 마음으로 주님을 신뢰하며 항상 평
강 가운데 살아가게 해주세요.

자비와 오래 참음으로 옷을 입고 사람들을 이해하고 용서하며 품어 주는 사랑스러운 아이가 되게 해주세요. 늘 감사하며 평강으로 이끄는 따뜻하고 겸손한 아이가 되게 해주세요.

주님, 그리스도 예수 안에서 모든 지각에 뛰어난 하나님의 평강으로 아이의 마음과 생각을 온전히 지켜 주시길 믿고 감사드립니다.

보혈 의지하여 예수님의 이름으로 기도합니다. 아멘.

두려워하지 말라 내가 너와 함께 함이라 놀라지 말라 나는 네 하나님이 됨이라. 사 41:10

내 하나님의 말씀에 악인에게는 평강이 없다 하셨느니라. 사 57:21

마땅히 생각할 그 이상의 생각을 품지 말고 오직 하나님께서 각 사람에게 나누어 주신 믿음의 분량대로 지혜롭게 생각하라. 롬 12:3

오직 정의를 행하며 인자를 사랑하며 겸손하게 네 하나님과 함께 행하는 것이 아니냐. 미 6:8

너희를 향한 나의 생각을 내가 아나니 평안이요 재앙이 아니니라 너희에게 미래와 희망을 주는 것이니라. 렘 29:11

주께서 심지가 견고한 자를 평강하고 평강하도록 지키시리니 이는 그가 주를 신뢰함이니이다. 사 26:3

긍휼과 자비와 겸손과 온유와 오래 참음을 옷 입고 누가 누구에게 불만이 있거든 서로 용납하여 피차 용서하되 주께서 너희를 용서하신 것같이 너희도 그리하고 … 그리스도의 평강이 너희 마음을 주장하게 하라 너희는 평강을 위하여 한 몸으로 부르심을 받았나니 너희는 또한 감사하는 자가 되라. 골 3:12-13,15

내가 그의 길을 보았은즉 그를 고쳐 줄 것이라 그를 인도하며 그와 그를 슬퍼하는 자들에게 위로를 다시 얻게 하리라. 사 57:18

우리를 우리 주 그리스도 예수 안에 있는 하나님의 사랑에서 끊을 수 없으리라. 롬 8:39

서로 친절하게 하며 불쌍히 여기며 서로 용서하기를 하나님이 그리스도 안에서 너희를 용서하심과 같이 하라. 엡 4:32

부모를 안아주는
단비 축복

생각을 주관하시는 주님,

사랑하는 자녀를 위하여 부르짖는 저를 축복해주세요.
제가 어떠한 상황에서도 주를 신뢰하는 마음을 잃지
않고 평강한 마음으로 맡겨진 일을 잘 감당할 수 있게
해주세요. 우울이나 분노 등 제 감정을 자녀에게 풀지
않고, 마음이 힘들 때마다 평강의 주님 앞에 나아가 엎
드리도록 인도해주세요. 예수님의 이름으로 기도합니
다. 아멘.

나의 사랑하는 자녀야

나는 네게 복을 주고 지키기를 원하고
내 얼굴을 네게 비춰 은혜 베풀기를 원하며
내 얼굴을 네게로 향하여 들고 평강 주기를 원한단다

DAY 18

주의 말씀이 기록된 생각

자녀의 생각에 주의 말씀을 새겨 주시길 기도합니다

내 법을 그들의 마음에 두고
그들의 생각에 기록하리라. 히브리서 10:16

법은 우리가 안전하게 자유를 누릴 수 있도록 해줍니다. 물론 지나치게 강조하면 무거운 짐이 되지만, 자연스럽게 지켜나가면 서로에게 유익이 되고 사회를 안전하게 지켜 줍니다. 세상의 법도 이렇게 좋은 울타리가 되어 주는데 세상을 창조하시고 그분의 뜻대로 운행해 가시는 하나님의 법은 어떠할까요? 하나님의 법은 우리를 가장 유익하게 해주고 안전하게 보호해줍니다.

우리가 하나님의 법을 자녀들의 마음에 두고 그들의 생각에 말씀이 기록되도록 힘쓰길 원합니다. 자녀와 함께 주의 말씀을 묵상하고, 마음과 생각이 그 법을 따르는 길을 걸어가길 원합니다. 자녀들이 성경을 가장 소중히 여기도록 본을 보이길 원합니다. 오직 주의 말씀만이 자녀들을 올바른 삶으로 이끄는 지도가 되도록 인도하길 원합니다. "가이사의 것은 가이사에게, 하나님의 것은 하나님께"(마 22:21)라는 말씀처럼 두 울타리 안에 살아가는 자녀들이 바르게 법을 지키고 준행하며 안전하고 평화로운 삶을 살아가길 소망합니다.

말씀을 통해 선하신 뜻을 알리시는 주님,

사랑하는 자녀에게 하나님의 말씀을 사랑하고 가까이 하는 은혜를 내려 주시길 간구합니다. 아이의 마음에 주의 법이 담기고, 아이의 생각에 주의 말씀이 기록되기를 간절히 원합니다.

아이가 성경을 규칙적으로, 그리고 경건한 자세로 읽도록 도와주세요. 베뢰아 사람들처럼 간절한 마음으로 말씀을 받아 날마다 상고하게 해주세요. 어려서부터 성경을 즐거이 읽고 암송하게 해주세요. 성경을 통해 그리스도 예수 안에 있는 믿음으로 말미암아 구원에 이르는 지혜와 주를 향한 경외심을 갖고 살아가게 해주세요.

날마다 주님을 기쁘시게 하길 원하는 생각이 자라나게 해주세요. 어떻게 세상과 구별된 삶을 살아가야 하는지, 어떻게 이 땅에서 천국을 준비하며 살아가야 하는지 깊이 생각하게 해주세요. 아이가 배우고 확신한 일에 거하고, 하나님의 사람으로 온전하며 모든 선한 일을 행할 능력을 갖추게 해주세요.

성경에 대한 지식이 세상의 철학이나 그 어떤 지식보다 중요함을 알게 해주셔서 아이의 손에 들려진 모든 책이 성경 다음이 되게 해주세요. 아이가 성경을 통독하고 묵상할 수 있도록 지혜와 의지를 주세요.

아이가 세상의 법을 하나님의 법아래 두고 잘 지켜 따르게 해주세요. 오직 주의 말씀이 아이를 바르게 이끌어 주는 인생의 등불이 되길 원합니다.

보혈 의지하여 예수님의 이름으로 기도합니다. 아멘.

내가 주의 법을 어찌 그리 사랑하는지요 내가 그것을 종일 작은 소리로 읊조리나이다. 시 119:97

베뢰아에 있는 사람들은 데살로니가에 있는 사람들보다 더 너그러워서 간절한 마음으로 말씀을 받고 이것이 그러한가 하여 날마다 성경을 상고하므로. 행 17:11

오직 우리 주 곧 구주 예수 그리스도의 은혜와 그를 아는 지식에서 자라 가라 영광이 이제와 영원한 날까지 그에게 있을지어다. 벧후 3:18

예수께서 대답하여 이르시되 사람이 나를 사랑하면 내 말을 지키리니 내 아버지께서 그를 사랑하실 것이요 우리가 그에게 가서 거처를 그와 함께 하리라. 요 14:23

그러나 너는 배우고 확신한 일에 거하라 너는 네가 누구에게서 배운 것을 알며 또 어려서부터 성경을 알았나니 성경은 능히 너로 하여금 그리스도 예수 안에 있는 믿음으로 말미암아 구원에 이르는 지혜가 있게 하느니라 … 이는 하나님의 사람으로 온전하게 하며 모든 선한 일을 행할 능력을 갖추게 하려 함이라. 딤후 3:14-15,17

누가 철학과 헛된 속임수로 너희를 사로잡을까 주의하라 이것은 사람의 전통과 세상의 초등학문을 따름이요 그리스도를 따름이 아니니라. 골 2:8

이에 예수께서 이르시되 가이사의 것은 가이사에게, 하나님의 것은 하나님께 바치라 하시니 그들이 예수께 대하여 매우 놀랍게 여기더라. 막 12:17

온 땅은 여호와를 두려워하며 세상의 모든 거민들은 그를 경외할지어다. 시 33:8

부모를 안아주는
단비 축복

생각을 주관하시는 주님,
사랑하는 자녀를 위하여 부르짖는 저를 축복해주세
요. 주의 법을 사랑하여 종일 작은 소리로 읊조렸던 시
편 기자의 삶을 본받고 싶습니다. 생각에 기록된 하
나님의 법을 꺼내어 삶을 경영하길 원합니다. 물질과
시간, 건강과 이웃과의 관계에 있어서도 하나님의 법
이 지시하시는 바를 따라 늘 범사에 생각하고 실천하
기를 원하며 예수님의 이름으로 기도합니다. 아멘.

나의 사랑하는 자녀야

두 마음을 품지 않고
나의 법을 사랑하는 너에게
내 모든 말은
네 발에 등과 네 길에 빛이 될 거란다

Part 3

몸의 각 지체를 축복하는 말씀기도

하나님, 우리 아이의 온몸을 강건케 해주세요

몸에 대하여

머리부터 발끝까지 몸의 각 지체가
거룩하고 튼튼해야 합니다

성경은 거듭남을 기준으로 거듭난 '속사람'과 거듭나지 않은 '겉사람'으로 구분합니다. 속사람을 새사람 또는 영에 속한 사람으로, 겉사람을 옛사람 또는 육신에 속한 사람으로 표현하기도 합니다.

마음이 속사람의 영역을 대표한다면 몸은 겉사람의 영역을 대표하며 서로 대립하고 각 지체의 행동을 주장하려 합니다. 예를 들어, 거듭난 속사람의 눈은 하나님의 영광을 보길 원하지만, 육에 속한 겉사람의 눈은 자신을 기쁘게 하고 만족스럽게 하는 것을 보길 원합니다. 거듭난 속사람의 배는 영원한 하나님의 말씀을 먹고 만족하길 원하지만, 겉사람의 배는 자신의 허기와 욕망을 채우기 위하여 자기 자신을 섬깁니다. 우리가 거듭난 속사람으로 살기 위해서는 겉사람이 즐기고 행하는 모든 것으로부터 돌이키고 정욕을 제어해야 합니다.

넓은 의미에서 몸은 영·혼·육 모두를 포함하는 인간의 전부를 가리키고, 좁은 의미에서의 몸(body)은 '육체'(flesh)를 의미합니다. 우리는 육체를 '육신'이라고도 말하는데, 육신은 죄의 지배 아래에서 죄를 행합니다. 하나님과 진리를 대적하고 자기중심적이며 육체의 요구를 따릅니다. 이는 거듭나기 전의 옛 성품, 옛 습성, 하나님과 단절된 죄 된 본능(sinful nature)을 가리킵니다.

육체는 영혼처럼 불멸하지 않고 제한적이며 가시적이지만, 죄와 같이 사람을 종속시키려는 본능을 가지고 있습니다. 마음과 생각이 육체의 활동에 영향을 미치듯, 육체의 소욕이 마음과 생각에 영향을 미치기 때문입니다. 물론 육체의 본능적 욕구와 만족 자체를 무조건 악하다고 할 수 없습니다. 몸은 하나님과 사람과의 관계를 형성할 때 복된 통로가 되고 육체의 활동을 통해 하나님의 지혜를 드러내며 그분의 영광을 위하여 다양한 재능을 발전시키고 이웃을 섬기며 사랑을 전하기 때문입니다. 다만, 육체의 욕구를 충족시키려는 삶이 죄를 향해 빠르게 달려가므로 우리는 육체를 다스리는 법을 배워 익혀야 합니다(롬 8:13 ; 엡 4:22-24,6:10-13).

하나님은 우리 몸을 그분의 영이 거하시는 거룩한 성전으로 삼아주셨습니다. 우리는 우리 자신의 것이 아니라 값으로 산 것이 되었으므로 우리의 몸으로 하나님께 영광을 돌려야 합니다(고전 6:19-20). 영으로써 몸의 행실을 죽이고 우리 몸을 복종시켜 의의 병기로 삼아야 합니다(롬 6:13). 각 지체가 창조의 목적

대로 길러지고 훈련되어 주의 영광을 드러내는 일에 사용되도록 해야 합니다.

그리스도를 교회의 머리요 우리를 그 몸의 지체로 삼으셔서 교회를 세워 가시는(고전 12:27) 주님께서 자녀들의 각 지체가 서로 협력하여 주의 거룩한 성전으로 세워지도록 인도해주시기를 소망합니다. 각 지체를 건강하게 성장시켜 주시고 모든 환경과 질병으로부터 지켜 주시기를 간구합니다.

이제 우리는 사랑하는 자녀들의 머리부터 발끝까지 몸의 각 지체를 붙들고 간절히 기도할 것입니다. 몸의 각 지체에 담긴 주님의 말씀과 마음을 묵상하며 자녀들이 자신의 몸을 소중히 여기고 거룩하게 지켜 나가도록 이끌고 도울 것입니다. 우리의 자녀들이 몸의 각 영역을 통해 하나님을 즐거워하며 그분을 영화롭게 하는 삶을 살아가기를, 그리고 주님의 뜻을 행하며 그분의 형상을 닮아가기를 소망합니다. 하나님의 기쁨이요, 자랑이 되어 많은 이들을 주께로 인도하기를 원합니다.

하나님의 전이 건축되던 솔로몬의 날들처럼 하나님의 나라가 세워지는 기쁨의 망치소리가 우리 자녀들을 통하여 곳곳에서 울리길 간절히 바라며 기도합니다.

하늘의 지혜가 있는 머리

주님이 자녀의 머리되심을 인정하며 기도합니다

오직 사랑 안에서 참된 것을 하여
범사에 그에게까지 자랄지라
그는 머리니 곧 그리스도라. 에베소서 4:15

하나님은 인간의 몸을 입고 이 땅에 오셔서 그분의 공의와 사랑에 순복하신 예수님을 교회의 머리로 삼으시고 우리로 순종하게 하셨습니다. 우리가 내 뜻과 고집을 버리고 그리스도를 머리로 모시면 그분의 지체가 되어 그리스도 안에서 한 몸을 이루게 됩니다. 바른 신앙이란, 개인의 공로에 있지 않고 지체가 되는 신앙에 있습니다. 우리가 남들보다 더 많은 수고를 하더라도 내 의가 아닌 하나님의 의를 드러내며 어디서든 주님의 은혜와 능력만을 자랑하는 신앙인이 되길 소망합니다.

사랑하는 자녀들이 머리되신 예수님의 지혜와 말씀을 따라 살아가길 소망합니다. 이것이야말로 참된 권위를 갖는 자세이므로 우리가 이를 가르치고 삶으로 나타내야 할 것입니다. 머리가 되려고 애쓰기보다 하나님의 뜻을 이루어 드리기 위해 애쓰는 삶을 살아갈 때, 하나님은 우리 자녀들을 높여 주실 것입니다.

영광의 왕이신 주님,

사랑하는 자녀가 주님의 머리 되심과 권위를 인정하며 주를 겸손히 따르길 간구합니다. 주 앞에 자신의 머리를 낮추고 머리 되신 주님의 지시에 순복하길 원합니다.

아이가 사랑 안에서 진리를 말하고 머리 되신 예수 그리스도를 본받아 모든 면에서 주님에게까지 자라게 해주세요. 지체들과 연합하여 그리스도의 몸을 이루어 가는 믿음의 삶을 배워가며, 지체가 되는 신앙인으로 자라게 해주세요.

아이에게 지혜와 계시의 영을 주사 하나님을 알아가게 해주세요. 하늘의 지혜로 자신의 삶을 경영하며 스스로 머리가 되려고 애쓰지 않게 해주세요.

하나님의 명령을 따라 치우침 없이 행하며 헛된 우상을 섬기지 않게 해주세요. 모든 일에 하나님을 기쁘시게 하며 선한 일에 열매를 맺는 삶을 살게 해주세요. 주께서 하늘의 보고를 열어 주사 복된 삶을 누리게 해주시고 어디서나 머리가 되어 주의 복을 펼쳐나가는 아름답고 존귀한 자가 되게 해주세요. 세계 모든 민족 위에 뛰어난 자가 되어 주님의 영광을 드러내게 해주세요.

주님, 아이를 둘러싼 원수들 위에 그의 머리를 높여 주시고 머리털 하나 상하지 않도록 보호해주세요. 육신의 머리도 바르게 인지하여 잘 기억하고 뇌의 기능을 잘 감당하여 옳게 명령하고 반응하게 해주세요.

구속받은 자들의 영원한 기쁨이 아이의 머리 위에 임하고 주의 아름다운 복으로 영접하여 주실 때, 승리의 면류관을 받아 쓰는 머리 되게 해주세요.

머리에 구원의 투구를 쓰고 영광의 왕이 다시 오실 길을 준비하는 힘 있고 지혜로운 자로 길러 주세요. 주의 아름다운 복으로 영접해주세요.

보혈 의지하여 예수님의 이름으로 기도합니다. 아멘.

오직 사랑 안에서 참된 것을 하여 범사에 그에게까지 자랄지라 그는 머리니 곧 그리스도라 그에게서 온몸이 각 마디를 통하여 도움을 받음으로 연결되고 결합되어 각 지체의 분량대로 역사하여 그 몸을 자라게 하며 사랑 안에서 스스로 세우느니라. 엡 4:15-16

영광의 아버지께서 지혜와 계시의 영을 너희에게 주사 하나님을 알게 하시고. 엡 1:17

여호와께서 너를 머리가 되고 꼬리가 되지 않게 하시며 위에만 있고 아래에 있지 않게 하시리니 오직 너는 내가 오늘 네게 명령하는 네 하나님 여호와의 명령을 듣고 지켜 행하며 내가 오늘 너희에게 명령하는 그 말씀을 떠나 좌로나 우로나 치우치지 아니하고 다른 신을 따라 섬기지 아니하면 이와 같으리라. 신 28:13-14

이제 내 머리가 나를 둘러싼 내 원

수 위에 들리리니 내가 그의 장막에서 즐거운 제사를 드리겠고 노래하며 여호와를 찬송하리로다. 시 27:6

의인의 머리에는 복이 임하나 악인의 입은 독을 머금었느니라. 잠 10:6

너희 머리털 하나도 상하지 아니하리라. 눅 21:18

여호와께 구속 받은 자들이 돌아와 노래하며 시온으로 돌아오니 영원한 기쁨이 그들의 머리 위에 있고 슬픔과 탄식이 달아나리이다. 사 51:11

주의 아름다운 복으로 그를 영접하시고 순금 관을 그의 머리에 씌우셨나이다. 시 21:3

너희는 주의 길을 준비하라 그의 오실 길을 곧게 하라. 눅 3:4

부모를 안아주는
단비 축복

저희 가정의 머리 되시는 주님,

사랑하는 자녀를 위하여 부르짖는 저를 축복해주세요.

제가 지체로서 주의 교회를 아름답게 섬기도록 도와주

시고, 공동체를 사랑하게 해주세요. 부모로서 주님의

지시하심을 따라 살아가는 삶의 모범을 보이도록 도와

주세요. 늘 아이와 함께 머리되시는 주님을 겸손히 따

르길 원하며 예수님의 이름으로 기도합니다. 아멘.

나의 사랑하는 자녀야

내가 너를 위하여
하늘의 아름다운 보고를 열어
머리가 되게 하고
꼬리가 되지 않게 할 거란다

주를 바라보는 얼굴

자녀가 평생에 주의 얼굴을 구하길 기도합니다

여호와와 그의 능력을 구할지어다
그의 얼굴을 항상 구할지어다. 시편 105:4

기쁠 때나 힘들고 지칠 때, 우리는 누군가의 얼굴을 떠올리곤 합니다. 그와 마음을 나누기 원하거나 어떤 도움을 청하길 원하기 때문입니다. 여기서 얼굴은 상대의 선함, 힘, 능력 등을 상징합니다. 얼굴이라는 말에서 '얼'은 마음과 정신을 뜻하고 '굴'은 동굴, 터널과 같은 통로를 의미합니다. 즉, 얼굴은 마음으로 가는 통로이자 마음을 드러내는 곳이라는 뜻을 가지고 있습니다.

예로부터 얼굴은 그 사람을 대표하는 의미로 사용되었습니다. 그래서 누군가의 얼굴을 공경함은 그를 공경함과 같고, 누군가의 얼굴을 구함은 그의 전부를 구하는 것과 같습니다. 그렇다면 성경적으로 얼굴을 구한다는 말은 어떤 의미일까요? '얼굴'에 대한 히브리어의 일반적 번역은 '임재'입니다. 그래서 우리가 주의 얼굴을 구하는 것은 그분의 임재를 구하는 것, 바로 그분을 구하는 것입니다.

어려울 때든 기쁠 때든 거룩한 삶을 결단할 때든 죄로 멀어진 관계의 회복을 열망할 때든 우리의 자녀들이 있는 그 자리에서 항상 주의 얼굴을 구하길 소망합니다. 그 귀한 삶은 자녀들이 참된 예배자로 살아가도록 이끌 것입니다.

영광으로 빛나는 주님,

사랑하는 자녀가 주의 얼굴을 구하며 주의 임재 가운데 살아가기를 간구합니다. 아이의 눈을 열어 주셔서 늘 함께 하시는 아름다운 주의 얼굴을 보게 해주세요.

아이가 죄의 유혹 앞에서 주의 임재를 기억하며 승리하게 해주세요. 사람의 말과 얼굴을 두려워하지 않고, 오직 하나님의 말씀과 얼굴을 두려워하게 해주세요.

주님, 아이가 주의 얼굴을 구할 때에 생명의 길을 보여주세요. 주 앞에 있는 기쁨과 영원한 즐거움을 맛보게 해주세요. 거칠고 고달픈 인생길을 만나더라도 두려워하지 않고 강하고 담대하게 해주세요. 주님이 친히 앞서 가시기에 그 품 안에서 참된 안식을 누리게 해주세요.

아이가 범죄함으로 주의 얼굴을 피할 때나 낙심하여 주를 찾을 힘조차 없을 때, 그 얼굴을 감추지 마시고 만나주세요. 슬픔 가운데 있는 자를 위로해주길 원하시는 주님의 마음을 부어 주시고, 내가 너와 함께 하리라 하신 그 약속을 붙들게 해주세요.

아이에게 구원을 베풀어 주기를 원하시는 주님을 찬양합니다. 그를 기뻐하시며 잠잠히 사랑해주시는 주님을 경배합니다. 사랑하는 아이가 평생에 주를 예배하며 임재의 거룩함을 나타내는 삶을 살아가도록 인도해주세요.

보혈 의지하여 예수님의 이름으로 기도합니다. 아멘.

그들은 패역한 족속이라도 그 말을 두려워하지 말며 그 얼굴을 무서워하지 말지어다. 겔 2:6

나의 괴로운 날에 주의 얼굴을 내게서 숨기지 마소서. 시 102:2

내가 네게 명령한 것이 아니냐 강하고 담대하라 두려워하지 말며 놀라지 말라 네가 어디로 가든지 네 하나님 여호와가 너와 함께 하느니라 하시니라. 수 1:9

여호와께서 이르시되 내가 친히 가리라 내가 너를 쉬게 하리라. 출 33:14

그는 구원을 베푸실 전능자이시라 그가 너로 말미암아 기쁨을 이기지 못하시며 너를 잠잠히 사랑하시며 너로 말미암아 즐거이 부르며 기뻐하시리라 하리라. 습 3:17

나는 의로운 중에 주의 얼굴을 보리니 깰 때에 주의 형상으로 만족하리이다. 시 17:15

아브람이 구십구 세 때에 여호와께서 아브람에게 나타나서 그에게 이르시되 나는 전능한 하나님이라 너는 내 앞에서 행하여 완전하라. 창 17:1

내가 사망의 음침한 골짜기로 다닐지라도 해를 두려워하지 않을 것은 주께서 나와 함께 하심이라 주의 지팡이와 막대기가 나를 안위하시나이다. 시 23:4

내가 너를 굳세게 하리라 참으로 너를 도와주리라 참으로 나의 의로운 오른손으로 너를 붙들리라. 사 41:10

여호와와 그의 능력을 구할지어다 그의 얼굴을 항상 구할지어다. 시 105:4

부모를 안아주는
단비 축복

우리를 잠잠히 사랑하시는 주님,
사랑하는 자녀를 위하여 부르짖는 저를 축복해주세요.
말씀과 상황으로 저희가 갈 길을 세밀히 인도해주시는
주님의 임재를 경험하길 원합니다. 저희 가정이 오직
주의 얼굴을 구하게 해주세요. 사람을 두려워하지 않
고, 오직 주를 경외함으로 살아가게 해주세요. 예수님
의 이름으로 기도합니다. 아멘.

나의 사랑하는 자녀야

사람의 얼굴을 살피며
그 감정에 매이지 말아라
오직 너를 사랑하는 나를 바라보며
모든 두려움을 버리고 평안하여라

DAY 21

주를 닮은 얼굴

자녀가 그리스도의 형상을 본받길 기도합니다

하나님이 미리 아신 자들을 또한 그 아들의 형상을
본받게 하기 위하여 미리 정하셨으니. 로마서 8:29

신체 중에서 가장 많은 근육을 가진 얼굴은 80개나 되는 근육을 통해 7천 가지 표정을 지을 수 있다고 합니다. 이렇듯 우리는 얼굴을 통하여 마음과 감정을 고스란히 드러내므로 속사람의 얼굴을 잘 가꾸어야 합니다.

프랑스에 '매콜'이라는 경건한 그리스도인이 있었습니다. 그가 죽었을 때, 한 노동자가 그의 관 옆에서 슬피 울고 있었습니다. 그 모습을 지켜보던 한 사람이 "당신은 가족도 아닌데 왜 그리 슬퍼합니까?"라고 물었습니다. 그는 "매콜을 통해 구원을 알았기 때문입니다"라고 대답했습니다. "매콜이 특별한 메시지를 전했습니까?" "아니요, 그는 아무 말도 하지 않았습니다. 그러나 그의 얼굴이 말씀하셨습니다." 그는 매콜의 얼굴에서 예수님의 구원이 무엇인지를 보았던 것입니다.

하나님께서 우리를 부르심은 그리스도의 형상을 본받게 하려 하심입니다. 우리가 자녀들에게 주를 사랑하고 그분을 닮아가는 모습을 보인다면, 강요하지 않아도 그들의 얼굴에서 그리스도의 아름다운 형상을 발견하게 될 것입니다.

주의 얼굴빛으로 인도해주시는 주님,

사랑하는 자녀에게 주의 얼굴빛을 비춰 주시기를 간절히 구합니다. 아이가 주의 말씀으로 임하는 지혜를 따라 행할 때, 정직한 길을 걷게 해주시고 주의 얼굴빛 안에 살아가게 해주세요.

주님, 아이 속에 주의 얼굴을 바라고 소망하는 마음이 더욱 자라나길 원합니다. 아이의 얼굴이 기쁨과 평온함, 겸손과 인자함, 예의 바르고 선함, 그리고 존귀함으로 빛나게 해주세요.

아이의 얼굴이 부끄러움을 당하지 않고 주의 영광을 드러내게 해주세요. 자신의 얼굴을 통하여 슬픔과 고통 속에 있는 사람들에게 하나님이 어떠한 분이신지를 비추게 해주세요.

주님, 아이가 어둡고 우울한 표정, 거만한 표정, 거짓과 위선과 같은 표정을 짓지 않도록 해주세요. 성령님의 인도하심을 따라 순종하며 그리스도의 형상을 닮아가게 해주세요. 아이의 평생소원이 여호와의 아름다움을 바라보며 주님을 사모하는 것이 되길 원합니다.

아이가 전능하신 하나님 앞에서 온전함을 이루어 간 믿음의 선진들처럼 의를 행하게 해주시고, 천국에서 영광 중에 깨어날 때에 주의 아름다운 얼굴을 마주하게 해주세요.

보혈 의지하여 예수님의 이름으로 기도합니다. 아멘.

여호와는 그의 얼굴을 네게 비추사 은혜 베푸시기를 원하며 여호와는 그 얼굴을 네게로 향하여 드사 평강 주시기를 원하노라 할지니라 하라. 민 6:25-26

주의 얼굴을 주의 종에게 비추시고 주의 율례로 나를 가르치소서. 시 119:135

즐겁게 소리칠 줄 아는 백성은 복이 있나니 여호와여 그들이 주의 얼굴 빛 안에서 다니리로다. 시 89:15

여호와는 의로우사 의로운 일을 좋아하시나니 정직한 자는 그의 얼굴을 뵈오리로다. 시 11:7

사람의 지혜는 그의 얼굴에 광채가 나게 하나니 그의 얼굴의 사나운 것이 변하느니라. 전 8:1

그들이 주를 앙망하고 광채를 내었으니 그들의 얼굴은 부끄럽지 아니하리로다. 시 34:5

내가 여호와께 바라는 한 가지 일 그것을 구하리니 곧 내가 내 평생에 여호와의 집에 살면서 여호와의 아름다움을 바라보며 그의 성전에서 사모하는 그것이라 … 너희는 내 얼굴을 찾으라 하실 때에 내가 마음으로 주께 말하되 여호와여 내가 주의 얼굴을 찾으리이다 하였나이다. 시 27:4,8

나의 자녀들아 너희 속에 그리스도의 형상을 이루기까지 다시 너희를 위하여 해산하는 수고를 하노니. 갈 4:19

악인은 자기의 얼굴을 굳게 하나 정직한 자는 자기의 행위를 삼가느니라. 잠 21:29

나는 의로운 중에 주의 얼굴을 뵈오리니 깰 때에 주의 형상으로 만족하리이다. 시 17:15

부모를 안아주는
단비 축복

그 얼굴을 비추사 은혜 베풀기를 원하시는 주님,
사랑하는 자녀를 위하여 부르짖는 저를 축복해주세요.
제 삶을 통해 주님의 아름다움을 전하게 해주세요. 주
님, 아이가 그리스도의 형상을 이루기까지 다시 해산
하는 수고를 아끼지 않겠노라 결단합니다. 아이를 향
한 인내와 사랑의 마음이 더욱 커져갈 수 있도록 제게
힘을 주세요. 예수님의 이름으로 기도합니다. 아멘.

나의 사랑하는 자녀야

너는 누구보다도 나를 닮았단다
그러니 나의 형상을 따라 지식에까지
새롭게 된 네 자신을 아끼고 사랑하렴

DAY 22

밝히 보는 눈

자녀의 가려진 눈을 열어 주시길 기도합니다

내 눈을 열어서
주의 율법에서 놀라운 것을 보게 하소서. 시편 119:18

엄마가 아이에게 "왜 하나님은 선악과를 동산 중앙에 두셨을까?"라고 물었습니다. 아이는 질문이 어려우지 잘 대답하지 못했습니다. 그러자 엄마는 이렇게 말해주었습니다. "하나님은 어디에 있든 그 나무를 보면서 우리가 피조물임을 잊지 않길 바라셨기 때문이란다."

뱀이 아이에게 "동산 모든 나무의 열매를 먹지 말라 하시더냐?"라고 물었습니다. 아이는 "하나님이 동산 중앙에 있는 나무의 열매는 먹지도 말고 만지지도 말라고 하셨어. 그러면 죽을 수도 있다고 말이야"라고 대답했습니다. 그러자 뱀은 "아니야, 결코 죽지 않아. 하나님과 같이 되어 선과 악을 알게 될 거야"라고 말했습니다. 아이의 눈이 동산 중앙에 있는 선악과를 바라보다가 "정말 먹음직스러운 걸, 먹으면 더 지혜로워질 것 같아"라고 말하며 열매를 따먹었습니다. 그러자 곧 부끄러움이 두려움과 함께 몰려왔습니다.

행복은 자신이 누구인지 똑바로 보고 주님의 크신 사랑을 받아들이는 것에서부터 시작됩니다. 우리의 사랑하는 자녀들이 자신이 죄인임을 인정하고 유혹에 흔들리지 않도록 진리 안에 굳게 서길 원합니다. 진리를 밝히 보는 눈이 열리길 원합니다. 사망에서 건져 주신 주님께 자신의 시선을 드리며 살아가기를 소망합니다.

눈을 열어 주의 말씀을 밝히 알리시는 주님,

사랑하는 자녀의 눈을 열어 주셔서 주의 법에 기록된 놀라운 것을 보게 해주시길 간구합니다. 아이의 눈이 세상의 지식을 찾기보다 주의 말씀 가운데 감추어진 진리를 찾고 알아가는 일을 더욱 즐거워하게 해주세요.

아이가 성경말씀을 읽으며 주님의 크신 사랑과 능력, 베풀어 주신 은혜가 어떠한지를 바로 보고 깨닫기를 원합니다. 아이의 눈이 주인의 손을 바라보는 종의 눈처럼 주를 간절히 찾게 해주세요. 주님의 시선으로부터 숨지 않고 주와 겸손히 동행하는 삶을 살게 해주세요.

주님, 아이에게 자신을 바르게 볼 줄 아는 겸손한 눈, 자기 자신을 살피고 숨은 허물에서 벗어나게 하는 지혜로운 눈, 진실하며 순결한 눈, 앞을 곧게 살펴 바르게 걷게 하는 눈, 허탄한 것을 보지 않는 눈을 허락해주세요. 누군가의 눈 속에 있는 티를 말하기 전에 자기 눈에 있는 들보를 뺄 수 있게 해주세요.

아이가 두 눈을 통하여 보는 모든 것을 주의하고 분별

할 수 있도록 도와주세요. 아이의 눈이 지혜자와 같이 그 머리에 머물며 무엇을 해야 할지 바르게 알게 해주세요. 말씀의 기준을 따라 선한 것 보기를 힘쓰게 해주세요. 주의 교훈으로 인도하사 그의 평생에 하늘에서도, 땅에서도 사모할 자가 주밖에 없음을 고백하며 살아가게 해주세요.

보혈 의지하여 예수님의 이름으로 기도합니다. 아멘.

상전의 손을 바라보는 종들의 눈 같이, 여주인의 손을 바라보는 여종의 눈 같이 우리의 눈이 여호와 우리 하나님을 바라보며 우리에게 은혜 베풀어 주시기를 기다리나이다. 시 123:2

사람아 주께서 선한 것이 무엇임을 네게 보이셨나니 여호와께서 네게 구하시는 것은 오직 정의를 행하며 인자를 사랑하며 겸손하게 네 하나님과 함께 행하는 것이 아니냐. 미 6:8

내 아들아 완전한 지혜와 근신을 지키고 이것들이 네 눈앞에서 떠나지 말게 하라. 잠 3:21

네 눈은 바로 보며 네 눈꺼풀은 네 앞을 곧게 살펴 네 발이 행할 길을 평탄하게 하며 네 모든 길을 든든히 하라. 잠 4:25-26

여호와의 교훈은 정직하여 마음

을 기쁘게 하고 여호와의 계명은 순결하여 눈을 밝게 하시도다. 시 19:8

내 눈을 돌이켜 허탄한 것을 보지 말게 하시고 주의 길에서 나를 살아나게 하소서. 시 119:37

어찌하여 형제의 눈 속에 있는 티는 보고 네 눈 속에 있는 들보는 깨닫지 못하느냐. 마 7:3

주의 교훈으로 나를 인도하시고 후에는 영광으로 나를 영접하시리니 하늘에서는 주 외에 누가 내게 있으리요 땅에서는 주 밖에 내가 사모할 이 없나이다. 시 73:24-25

자기 허물을 능히 깨달을 자 누구리요 나를 숨은 허물에서 벗어나게 하소서. 시 19:12

지혜자는 그의 눈이 그의 머리 속에 있고. 잠 2:14

부모를 안아주는
단비 축복

눈동자 같이 지켜 주시는 주님,
사랑하는 자녀를 위하여 부르짖는 저를 축복해주세요.
제 눈을 열어 그리스도 안에 감추어진 비밀을 밝히 보
게 해주세요. 주의 법을 눈동자처럼 지키게 해주세요.
그래서 아이뿐 아니라 만나는 모든 사람에게 주님을
힘 있게 전할 수 있도록 인도해주세요. 예수님의 이름
으로 기도합니다. 아멘.

나의 사랑하는 자녀야

눈을 들어 산을 보아라
너의 도움이 어디서 오는지 찾아보아라
바로 나,
하늘과 땅을 지은 내가 너의 도움이란다

영광으로 빛나는 눈

자녀의 눈이 참되고 거룩한 것을 담길 기도합니다

나는 비천한 것을 내 눈 앞에 두지 아니할 것이요. 시편 101:3

듣기만 한 것은 15퍼센트 정도만 기억에 남는데 반해, 보고 들은 것은 65퍼센트나 기억에 남는다고 합니다. 그리고 눈으로 보는 것이 생각의 90퍼센트를 형성한다고 합니다. '백문이 불여일견'이라는 말처럼 한 번 보는 것이 여러 번 듣는 것보다 더 영향력이 큽니다. 특히, 어린아이는 보는 것에 굉장히 큰 영향을 받습니다. 한두 번 본 것에 재미를 느끼면, 절제하지 못하고 자꾸 보려고 합니다. 그러나 눈의 욕심이 마음에 잉태되면 죄를 낳고 그 죄가 자라면 결국 죽음을 부릅니다. 하와의 눈에 비친 선악과도, 아간의 눈에 비친 전리품도, 다윗이 보았던 밧세바의 벗은 몸도 모두 그러했습니다.

이 세상은 우리 자녀들의 두 눈을 탐욕으로 꽉 채울 만큼 화려하고 달콤하며 재미있습니다. 그러나 하나님의 영광을 단 한 번이라도 보게 된다면 세상 것에 대한 흥미를 더 이상 느끼지 못하게 될 것입니다. 이제 죄를 심고 자라게 하는 모든 것으로부터 우리 자녀들의 시선을 가려야 할 때입니다. 자녀들이 영적인 것의 아름다움과 가치, 비할 데 없는 하나님의 선하심을 보길 원합니다.

존귀와 영광을 받으실 주님,

사랑하는 자녀의 눈앞에 두 눈을 흐리게 하는 것들을
두지 않도록 늘 깨어 분별하기를 원합니다.

주님, 아이에게 등불과 같이 밝은 눈, 주의 말씀을 주의
하여 보는 눈, 간절히 주를 바라는 눈, 주의 영광을 볼
수 있는 눈, 약속의 풍성함을 볼 줄 아는 눈을 허락해주
세요. 그래서 이 세상 것들에 심겨진 허무함을 보는 눈
을 기르게 해주세요.

주님, 아이에게 죄를 미워하는 눈, 보아도 탐내지 않는
눈, 많은 것을 보아도 분별할 수 있는 눈, 상대의 필요
를 살피는 눈을 허락해주세요. 판단하는 눈이 아닌 관
찰하며 배려하는 눈을 주셔서 자기 자신을 죄와 유혹
으로부터 잘 지키도록 도와주세요. 시대를 분별하는
눈, 경계하며 조심하는 눈, 무디지 않는 눈을 허락해주
세요.

주님, 아이가 탐심이 가득하고 죄에 상한 눈, 교만한
눈, 눈짓하며 속이는 눈, 곁눈질하는 눈, 무시하고 경멸

하는 눈으로 살지 않게 해주세요. 눈이 원하는 것을 금하지 못함으로 인해 어리석은 삶의 결말을 맞지 않도록 지켜 주세요.

아이가 보는 것을 구별함으로써 거룩하게 되기를 원합니다. 그 눈이 주님의 기쁨이 되기를 원합니다. 아이가 늙어서도 그 눈이 흐려지지 않고 눈에 해로운 습관을 들이지 않도록 붙들어 주세요.

보혈 의지하여 예수님의 이름으로 기도합니다. 아멘.

눈은 몸의 등불이니 그러므로 네 눈이 성하면 온몸이 밝을 것이요. 마 6:22

너희 마음의 눈을 밝히사 그의 부르심의 소망이 무엇이며 성도 안에서 그 기업의 영광의 풍성함이 무엇이며. 엡 1:18

네가 어찌 허무한 것에 주목하겠느냐 정녕히 재물은 스스로 날개를 내어 하늘을 나는 독수리처럼 날아가리라. 잠 23:5

주께서는 눈이 정결하시므로 악을 차마 보지 못하시며 패역을 차마 보지 못하시거늘. 합 1:13

네가 많은 것을 볼지라도 유의하지 아니하며 귀가 열려 있을지라도 듣지 아니하는도다. 사 42:20

형제들아 사람이 만일 무슨 범죄한 일이 드러나거든 신령한 너희는 온유한 심령으로 그러한 자를 바로잡고 너 자신을 살펴보아 너도 시험을 받을까 두려워하라. 갈 6:1

음심이 가득한 눈을 가지고 범죄하기를 그치지 아니하고 굳세지 못한 영혼들을 유혹하며 탐욕에 연단된 마음을 가진 자들이니 저주의 자식이라. 벧후 2:14

자기의 이웃을 은근히 헐뜯는 자를 내가 멸할 것이요 눈이 높고 마음이 교만한 자를 내가 용납하지 아니하리로다. 시 101:5

내 눈을 돌이켜 허탄한 것을 보지 말게 하시고 주의 길에서 나를 살아나게 하소서. 시 119:37

너는 진리의 말씀을 옳게 분별하며 부끄러울 것이 없는 일꾼으로 인정된 자로 자신을 하나님 앞에 드리기를 힘쓰라. 딤후 2:15

부모를 안아주는
단비 축복

마음의 눈을 밝히시는 주님,
사랑하는 자녀를 위하여 부르짖는 저를 축복해주세요.
제 눈에서 안목의 정욕을 제하여 주세요. 스마트폰, 컴퓨터 등을 통해 눈으로 보는 모든 것을 절제하고 분별하게 해주세요. 선하고 밝고 유익한 것들을 보고, 그것들을 자녀 앞에 두도록 인도해주세요. 아이가 제 삶을 통해 선한 기준을 배울 수 있도록 인도해주세요. 예수님의 이름으로 기도합니다. 아멘.

나의 사랑하는 자녀야

이 세상에 먹음직도 하고 보암직도 하고
지혜롭게 할 만큼 탐스럽기도 한 것들로
네가 얼마나 더럽혀져 있는지 아느냐
이제 다시는 정욕에 이끌리지 말아라

따뜻하고 선한 눈빛

자녀의 눈빛이 겸손하고 따스하길 기도합니다

선한 눈을 가진 자는 복을 받으리니
이는 양식을 가난한 자에게 줌이니라. 잠언 22:9

여섯 명의 외국 장애아를 입양해서 키우는 한 가정을 알고 있습니다. 미국인 부부가 동양인 아이들과 함께 있는 것이 궁금해 인사를 건네면서 알게 된 신실한 가정입니다. 이후로 아이들의 머리를 이발도 해주고 한국 음식도 나누며 교제해왔는데, 방문할 때마다 인상 깊게 보는 모습이 하나 있습니다. 바로 아이들을 바라보는 아버지의 따뜻한 눈빛과 스스럼없이 아버지의 목에 매달리고 품에 안기는 아이들의 모습입니다.

그분은 입양한 자녀들의 수술이 빈번해지면서 실직을 당하기도 하셨지만, 매일 같이 관객의 제일 앞자리에서 하나님의 일을 보는 영광을 누리고 사신다며 기쁘게 고백하십니다. 여러 어려움을 마다 않고 아이들을 책임지는 모습이 마치 우리 하나님 아버지를 뵙는 듯합니다. 그 사랑의 눈빛을 받고 자란 아이들이 세상에서 동일한 눈빛을 내며 살아가길 기도합니다.

오늘도 우리를 바라보시는 하나님의 따뜻한 눈빛을 느낍니다. 그래서 힘들고 지쳐도 또 일어나 걷게 되나 봅니다. 하늘 아버지가 우리를 바라보시듯 우리도 자녀들을 바라보길 원합니다. 자녀들이 하나님의 따스한 눈빛 안에서 힘차게 자라가기를 소원합니다.

촉촉한
단비 기도

한없이 따뜻한 눈빛으로 바라보시는 주님,

사랑하는 자녀에게 따뜻한 주님의 눈빛을 아는 은혜를
내려주시길 간구합니다.

주님, 아이가 배움의 어려움 앞에서 지혜를 주시는 주
의 도움의 눈빛, 믿고 아는 대로 행할 때 용기를 주시는
주의 격려의 눈빛, 사람들 앞에서 긴장하거나 실수하지
않도록 붙들어 주시는 주의 강한 능력의 눈빛, 조금 느
릴지라도 재촉하지 않으시는 주의 너그러우신 눈빛, 칭
찬 받아 마땅한 일을 했을 때 함께 기뻐해주시는 주의
자랑스러워하시는 눈빛을 경험하길 원합니다.

주님, 아이가 거짓이나 잘못을 숨기려 할 때 정죄하지
않고 돌이키길 원하시는 주의 용서의 눈빛, 편견이나
왜곡된 시각을 가질 때 바로 잡아주시는 주의 곧은 눈
빛, 오해받거나 억울한 일을 당할 때 아이의 편이 되어
주시는 주의 든든한 눈빛, 탕자가 돌아왔을 때 품에 안
아주시는 아버지의 기쁨의 눈빛을 경험하길 원합니다.

주님, 아이가 어려운 일을 만날 때 대신 싸워 주시는 주

의 용사의 눈빛, 외롭고 힘들 때 안아주시는 주의 위로
의 눈빛, 흔들릴 때 붙들어 주시는 주의 인자한 눈빛을
경험하길 원합니다.

아이의 눈에 이토록 선하고 아름다우신 주님의 눈빛을
담아 주세요. 아이가 상처로 굳어진 마음을 녹이는 부
드러운 눈빛으로, 허물을 덮어 주고 진심을 헤아려 주
는 신뢰의 눈빛으로, 소외되고 외로운 자들을 따뜻하게
대하는 사랑의 눈빛으로 오직 주님의 선하심과 사랑을
드러내도록 인도해주세요.

보혈 의지하여 예수님의 이름으로 기도합니다. 아멘.

너희 중에 누구든지 지혜가 부족하거든 모든 사람에게 후히 주시고 꾸짖지 아니하시는 하나님께 구하라 그리하면 주시리라. 약 1:5

주는 나를 돕는 이시니 내가 무서워하지 아니하겠노라 사람이 내게 어찌하리요 하노라. 히 13:6

하나님이 그들이 행한 것 곧 그 악한 길에서 돌이켜 떠난 것을 보시고 하나님이 뜻을 돌이키사 그들에게 내리리라고 말씀하신 재앙을 내리지 아니하시니라. 욘 3:10

너는 편견이 없이 이것들을 지켜 아무 일도 불공평하게 하지 말며. 딤전 5:21

너희보다 먼저 가시는 너희의 하나님 여호와께서 애굽에서 너희를 위하여 너희 목전에서 모든 일을 행하신 것 같이 이제도 너희를 위하여 싸우실 것이며 광야에서도 너희가 당하였거니와 사람이 자기의 아들을 안는 것 같이 너희의 하나님 여호와께서 너희가 걸어온 길에서 너희를 안으사 이곳까지 이르게 하셨느니라 하나. 신 1:30-31

내가 주의 인자하심을 기뻐하며 즐거워할 것은 주께서 나의 고난을 보시고 환난 중에 있는 내 영혼을 아셨으며. 시 31:7

네 궁핍한 형제를 악한 눈으로 바라보며 아무것도 주지 아니하면 그가 너를 여호와께 호소하리니 그것이 네게 죄가 되리라. 신 15:9

왕이 여호와를 의지하오니 지존하신 이의 인자함으로 흔들리지 아니하리이다. 시 21:7

내 자녀들이 진리 안에서 행한다 함을 듣는 것보다 더 기쁜 일이 없도다. 요삼 1:4

부모를 안아주는
단비 축복

사랑의 눈빛으로 마음의 짐을 덜어 주시는 주님,
사랑하는 자녀를 위하여 부르짖는 저를 축복해주세요.
제 눈빛이 상처가 아닌 사랑을 전하고 치유하는 눈빛
이 되길 원합니다. 매섭고 차가운 눈빛이 아닌 주를 닮
은 따뜻한 눈빛으로 살아가게 해주세요. 아이가 부모
의 눈빛만으로 사랑을 느끼고, 부모와 함께 있는 시간
을 가장 편안히 느끼게 해주세요. 예수님의 이름으로
기도합니다. 아멘.

나의 사랑하는 자녀야

그 누구도 미워하지 말아라
미워하는 자는 어둠이 그 눈을 멀게 해서
자신이 가야 할 길을 알지 못하게 하기 때문이란다
오직 너는 나의 빛을 보고 그 가운데 거하여라

_____

_____

_____

_____

주의 마음이 담긴 눈물

자녀의 눈물이 생명의 싹을 틔우길 기도합니다

그들이 눈물 골짜기로 지나갈 때에 그 곳에 많은 샘이
있을 것이며 이른 비가 복을 채워 주나이다. 시편 84:6

초막절이 되면 많은 사람들이 예루살렘 성전을 향해 순례의 길을 떠납니다. 이때 만나는 골짜기의 이름이 '바카의 골짜기'(눈물 골짜기)입니다. 순례자들은 골짜기를 통과할 때 괴로워하며 한 걸음 한 걸음 주의 도우심을 바라고 나아갑니다. 주님은 이런 그들에게 많은 샘과 이른 비로 힘을 주시고 순례의 길을 잘 마치도록 인도해주십니다. 그래서 시편 기자는 비록 눈물 골짜기일지라도 복되다고 고백합니다.

천성을 향해 가는 우리도 눈물 골짜기를 지날 때가 있습니다. 그때 우리를 위하여 흘리시는 주님의 눈물은 우리에게 많은 샘과 이른 비가 되어 줍니다. 주님의 눈물은 죄나 실패로 인함이든 질병이나 죽음으로 인함이든 어떤 상황 속에서도 우리에게 위로와 힘이 되고, 시온에서 하나님을 뵐 수 있는 영광을 덧입혀 줍니다.

주님이 흘리신 눈물이 우리에게 이르러 생명의 싹을 내었듯, 우리 자녀들에게도 이르기를 소망합니다. 그래서 눈물 골짜기를 지나는 누군가를 위하여 주님과 함께 눈물 흘리며 생명의 싹을 틔우는 자녀들로 자라기를 소망합니다.

우리를 위하여 눈물을 흘리시는 주님,

사랑하는 자녀가 눈물을 흘리며 씨를 뿌리는 자가 되기를 원합니다. 아이의 눈물을 통하여 헐벗은 자들이 입고 병든 자들이 치유되며 사망에 있는 자들이 생명으로 옮겨지게 해주세요.

주님, 아이에게 패망의 길을 걷는 민족을 위해 기도한 예레미야의 눈물을, 하나님의 공의를 사모하며 침상을 적신 다윗의 눈물을, 그리고 사랑과 수고의 눈물로 성도들을 훈계한 바울의 눈물을 허락해주세요. 우는 자의 위로되시는 주님의 눈물을 허락하사 주의 나라를 위하여 사용해주세요.

아이가 어려움을 당하거나 힘든 일을 만나 주께 눈물로 간구할 때에 잠잠하지 마시고 그 부르짖음에 응답해주세요. 그의 슬픔이 변하여 기쁨이 되게 해주세요.

아이의 눈에 감사와 소망의 눈물이 항상 흐르길 원합니다. 그의 평생에 기도의 눈물이 마르지 않길 원합니다. 마리아와 같이 눈물로 주님의 발을 적시는 아이가 되게 해주세요.

주님, 마르지 않는 생명수 샘으로 아이를 인도해주세요. 우리의 모든 눈물을 닦아 주시는 주님만 바라보게 해주세요. 눈물 골짜기를 통과할 때에 오히려 주를 찬양하며 담대히 나아가게 해주세요.

보혈 의지하여 예수님의 이름으로 기도합니다. 아멘.

눈물을 흘리며 씨를 뿌리는 자는 기쁨으로 거두리로다. 시 126:5

예수의 뒤로 그 발 곁에 서서 울며 눈물로 그 발을 적시고 자기 머리털로 닦고 그 발에 입 맞추고 향유를 부으니. 눅 7:38

딸 내 백성의 파멸로 말미암아 내 눈에는 눈물이 시내처럼 흐르도다. 애 3:48

여호와여 나의 기도를 들으시며 나의 부르짖음에 귀를 기울이소서 내가 눈물 흘릴 때에 잠잠하지 마옵소서 나는 주와 함께 있는 나그네이며 나의 모든 조상들처럼 떠도나이다. 시 39:12

내가 마음에 큰 눌림과 걱정이 있어 많은 눈물로 너희에게 썼노니 이는 너희로 근심하게 하려 한 것이 아니요 오직 내가 너희를 향하여 넘치는 사랑이 있음을 너희로 알게 하려 함이라. 고후 2:4

주께서 나의 슬픔이 변하여 내게 춤이 되게 하시며 나의 베옷을 벗기고 기쁨으로 띠 띠우셨나이다. 시 30:11

또 주린 자에게 네 양식을 나누어 주며 유리하는 빈민을 집에 들이며 헐벗은 자를 보면 입히며 또 네 골육을 피하여 스스로 숨지 아니하는 것이 아니겠느냐. 사 58:7

이는 보좌 가운데에 계신 어린 양이 그들의 목자가 되사 생명수 샘으로 인도하시고 하나님께서 그들의 눈에서 모든 눈물을 씻어 주실 것임이라. 계 7:17

무릇 시온에서 슬퍼하는 자에게 화관을 주어 그 재를 대신하며 기쁨의 기름으로 그 슬픔을 대신하며 찬송의 옷으로 그 근심을 대신하시고 그들이 의의 나무 곧 여호와께서 심으신 그 영광을 나타낼 자라 일컬음을 받게 하려 하심이라. 사 61:3

부모를 안아주는
단비 축복

모든 눈물을 닦아 주시는 주님,
사랑하는 자녀를 위하여 부르짖는 저를 축복해주세요.
제 눈물을 닦아 주시고 주께 부르짖을 때에 응답해주세요. 넘어졌을 때 다시 일어날 수 있는 힘을 주시고, 아무것도 보이지 않을지라도 눈물을 흘리며 씨를 뿌리게 해주세요. 제게 맡겨 주신 자녀를 주님의 마음이 담긴 눈물로 양육하도록 도와주세요. 예수님의 이름으로 기도합니다. 아멘.

나의 사랑하는 자녀야

네 하나님이 어디 있느냐는 사람들의 말에
네가 얼마나 많은 눈물을 흘렸는지 알고 있단다
나에게 둔 소망을 끝까지 놓지 말아라
네 모든 눈물을 닦아 주고 슬픔 대신 희락을 주리라

DAY 26

오래 참고 기다리는 코

자녀가 주님을 닮아 잘 인내하길 기도합니다

주께서는 용서하시는 하나님이시라 은혜로우시며
긍휼히 여기시며 더디 노하시며 인자가 풍부하시므로
그들을 버리지 아니하셨나이다. 느헤미야 9:17

하나님은 '긴 코'를 가지셨습니다. 여기서 긴 코는 죄인들을 향하여 노하기를 더디 하시고 오래 참아 기다려 주시는 주님의 사랑과 인내를 가리킵니다. 하나님의 긴 코에서 나오는 콧김은 그분의 분노를 표현하며 그분의 심판을 가리킵니다. 하나님은 심판을 통하여 자녀들을 보호하시고 아버지의 극진한 사랑을 나타내십니다.

분노는 전염병과 같이 쉬이 오염되는 감정으로, 때로 우리는 내 안에 분노를 자녀에게 고스란히 쏟아내고 자책하곤 합니다. 자녀 양육은 인내와 오래 참음의 사랑으로 빚어내는 향기 나는 포도밭과 같다고 합니다. 내 안에 모든 분노를 주님 앞에 내려놓고 이제는 사랑과 인내의 성품들이 우리 마음에 영글어 가길 소망합니다. 하나님은 우리가 자녀를 향하여 쉽게 노하지 않고 오래 참아 기다리는 그분의 성품을 닮길 원하십니다.

오래 참아 기다려 주시는 주님,

사랑하는 자녀가 노하기를 더디 하고 오래 참아 기다려 주시는 주님의 귀한 성품을 닮기를 간구합니다. 늘 선하고 좋은 마음으로 말씀을 듣고 지키며 인내로 결실하는 아이가 되게 해주세요.

아이가 쉽게 분노하지 않고 함부로 판단하지 않게 해주세요. 분노를 잘 절제할 수 있는 인내의 마음과 지혜로운 판단력을 허락해주세요. 화를 참음으로써 얻는 유익을 경험하게 해주시고, 이웃과 늘 화평한 관계를 맺게 해주세요.

아이가 분노함으로 일을 그르치거나 누군가에게 상처를 주지 않도록 지켜 주세요. 코로 냄새를 맡듯 쉽게 노를 발하는 자들을 잘 분별하여 가까이 하지 않게 해주세요. 분노 앞에서 흥분하지 않고 잠잠할 수 있는 마음과 지혜도 허락해주세요.

주님, 아이가 쉽게 포기하지 않고 오래 참아 인내하게 해주세요. 무슨 일을 할 때에 차분히 계획하고 끝까지

실행하여 부족함 없는 온전하고 성숙한 사람으로 자라게 해주세요.

아이의 지식에 절제를 입혀 주시고 절제에 인내를 더하여 주시며 인내에 경건함을 덧입혀 주셔서 하나님의 사랑과 주께서 감당하신 인내의 길을 따르게 해주세요. 인내하지 못하도록 방해하는 무거운 짐들과 얽매이기 쉬운 죄로부터 속히 떠나게 해주세요. 인내로써 믿음의 경주를 잘 감당하여 자신의 영혼을 얻고 주께서 약속하신 것을 받을 수 있는 은혜를 허락해주세요.

아이가 인생을 의지하며 살지 않게 해주시고, 호흡 있는 동안에 주님의 생기를 마시며 주님의 향기에 젖어 오직 주만 의지하고 찬양하게 해주세요. 코를 통해 들어오는 모든 나쁜 병균과 더러움으로부터 지켜 주세요.

보혈 의지하여 예수님의 이름으로 기도합니다. 아멘.

더 깊은 기도로 이끄는
단비 말씀

좋은 땅에 있다는 것은 착하고 좋은 마음으로 말씀을 듣고 지키어 인내로 결실하는 자니. 눅 8:15

미련한 자는 당장 분노를 나타내거니와 슬기로운 자는 수욕을 참느니라. 잠 12:16

인내를 온전히 이루라 이는 너희로 온전하고 구비하여 조금도 부족함이 없게 하려 함이라. 약 1:4

주께서 너희 마음을 인도하여 하나님의 사랑과 그리스도의 인내에 들어가게 하시기를 원하노라. 살후 3:5

이러므로 우리에게 구름 같이 둘러싼 허다한 증인들이 있으니 모든 무거운 것과 얽매이기 쉬운 죄를 벗어 버리고 인내로써 우리 앞에 당한 경주를 하며. 히 12:1

너희에게 인내가 필요함은 너희가 하나님의 뜻을 행한 후에 약속하신 것을 받기 위함이라. 히 10:36

그러므로 너희가 더욱 힘써 너희 믿음에 덕을, 덕에 지식을, 지식에 절제를, 절제에 인내를, 인내에 경건을, 경건에 형제 우애를, 형제 우애에 사랑을 더하라. 벧후 1:5-7

호흡이 있는 자마다 여호와를 찬양할지어다 할렐루야. 시 150:6

오직 주께서는 너희를 대하여 오래 참으사 아무도 멸망하지 아니하고 다 회개하기에 이르기를 원하시느니라. 벧후 3:9

분을 내어도 죄를 짓지 말며 해가 지도록 분을 품지 말고 마귀에게 틈을 주지 말라. 엡 4:26-27

부모를 안아주는
단비 축복

노하기를 더디 하시는 주님,
사랑하는 자녀를 위하여 부르짖는 저를 축복해주세요.
제가 아이에게 오래 참아 기다려 주는 사랑과 인내의
모습을 보이길 원합니다. 화를 못이기는 모습을 아이
에게 물려주지 않게 해주시고, 혹여 분노로 아이의 마
음을 상하게 했다면 용서를 구하게 해주세요. 저를 오
래 참고 기다려 주신 주님께 감사드리며 예수님의 이
름으로 기도합니다. 아멘.

나의 사랑하는 자녀야

모든 것을 참으며 모든 것을 믿으며
모든 것을 바라며 모든 것을 견디는 것,
이것이 바로 사랑이고
내가 너를 이렇게 사랑한단다

잘 듣고 깨우치는 귀

자녀가 주님의 음성에 귀 기울이길 기도합니다

나는 선한 목자라
나는 내 양을 알고 양도 나를 아는 것이. 요 10:14

양은 전방 2미터 앞에 있는 물체도 잘 보지 못할 만큼 시력이 나쁜 반면, 청력은 매우 발달해 인간이 듣지 못하는 세밀한 소리까지 다 듣는다고 합니다.

양의 특징을 더 살펴보면, 양은 넘어지면 스스로 일어나지 못해 목자가 일으켜 주지 않으면 죽기도 합니다. 그리고 곁에 목자가 없으면 몸을 편히 누이지 않습니다. 언제 어디서 사나운 짐승이 나타날지 모르기 때문입니다. 그러나 목자가 있으면 두려워하지 않고 편히 꼴을 먹습니다. 또한 양은 자기 목자의 목소리만 듣고 따릅니다. 눈으로 보고 따르는 것이 아닌, 소리를 듣고 따르기 때문입니다. 이처럼 양은 목자를 의존하지 않고서는 스스로 살아갈 수 없는 아주 연약한 존재입니다.

성경에 자주 나오는 "들으라"는 주님의 명령은 목자 되신 그분의 음성을 듣고 그분의 뜻을 이해하고 순종하는 자리까지 나아가는 것을 의미합니다. 양은 목자의 음성을 압니다. 매일 같이 그 음성을 듣길 원하며 그 안에서 만족과 쉼을 얻길 원합니다. 우리의 자녀들이 귀 기울여 목자 되시는 주님의 음성을 듣고 그 품 안에서 평안히 살아가길 소망합니다.

촉촉한
단비 기도

선한 목자 되시는 주님,

사랑하는 자녀가 세상의 소리가 아닌 목자 되신 주님의
음성만을 따르길 원합니다. 아이의 마음과 귀에 할례를
행하여 주세요.

아이의 귀가 학자 같이 깨우쳐 주님의 말씀을 듣고, 들
을 때마다 믿음이 자라고 즐거이 순종하게 해주세요.
선생님의 가르침을 귀 기울여 잘 듣고 빠르게 이해하고
정확히 기억하게 해주세요.

아이가 자신을 책망하는 말을 들을지라도 겸손히 듣고
변명하지 않게 해주세요. 성급히 말을 내뱉지 않고 먼
저 잘 듣게 해주세요. 사악한 혀의 말에 귀를 기울이지
않고 지혜의 말에 귀 기울이게 해주세요.

아이가 "이것이 바른 길이니 너는 이리로 가라" 하시는
목자 되신 주의 음성을 따라 좌우로 치우치거나 뒤로
물러나지 않게 해주세요.

아이가 들리는 모든 소리에 지혜롭게 반응하게 해주세

요. 중요한 이야기를 흘려듣지 않게 해주세요. 그의 평생에 청력이 손실되지 않고, 삶의 환경이 청력에 해가 되지 않도록 지켜 주세요.

주님, 아이의 기도에 귀 기울여 주시고 그 심정을 헤아려 주시길 간구합니다. 아이가 주를 부를 때에 주의 이름을 위하여 응답해주시고, 그의 평생에 자신의 간구를 들으시는 주께로 나아가 기도하게 해주세요.

아이가 목자 되신 주님만을 더욱 소망함으로 아버지의 나라에서 해와 같이 빛나는 삶, 물가에 심겨진 나무처럼 더위가 올라와도 마르지 않는 삶, 하나님의 집에 있는 푸른 감람나무처럼 많은 사람들이 머물고 생명을 얻는 삶을 살아가도록 인도해주세요.

보혈 의지하여 예수님의 이름으로 기도합니다. 아멘.

주 여호와께서 학자들의 혀를 내게 주사 나로 곤고한 자를 말로 어떻게 도와 줄 줄을 알게 하시고 아침마다 깨우치시되 나의 귀를 깨우치사 학자들 같이 알아듣게 하시도다. 사 50:4

그러므로 믿음은 들음에서 나며 들음은 그리스도의 말씀으로 말미암았느니라. 롬 10:17

네가 네 하나님 여호와의 말씀을 삼가 듣고 내가 오늘 네게 명령하는 그의 모든 명령을 지켜 행하면 네 하나님 여호와께서 너를 세계 모든 민족 위에 뛰어나게 하실 것이라. 신 28:1

나의 이 말을 듣고 행하지 아니하는 자는 그 집을 모래 위에 지은 어리석은 사람 같으리니. 마 7:26

볼지어다 내가 문 밖에 서서 두드리노니 누구든지 내 음성을 듣고 문을 열면 내가 그에게로 들어가 그와 더불어 먹고 그는 나와 더불어 먹으리라. 계 3:20

내 사랑하는 형제들아 너희가 알지니 사람마다 듣기는 속히 하고 말하기는 더디 하며 성내기도 더디 하라. 약 1:19

여호와여 나의 말에 귀를 기울이사 나의 심정을 헤아려 주소서. 시 5:1

목이 곧고 마음과 귀에 할례를 받지 못한 사람들아 너희도 너희 조상과 같이 항상 성령을 거스르는도다. 행 7:51

그러나 나는 하나님의 집에 있는 푸른 감람나무 같음이여 하나님의 인자하심을 영원히 의지하리로다. 시 52:8

부모를 안아주는
단비 축복

저희 가정을 지켜 주시는 주님,
사랑하는 자녀를 위하여 부르짖는 저를 축복해주세요.
제가 아이의 말을 귀 기울여 듣고 그 마음을 헤아려 격
려하게 해주세요. 아이가 제 말을 들을 때에 긴장하지
않고 평안함을 느끼며 순종하게 해주세요. 제 귀가 참
과 거짓을 잘 분별하여 저희 가정을 진리로 인도하게
해주세요. 예수님의 이름으로 기도합니다. 아멘.

나의 사랑하는 자녀야

나의 양은 들어가며 나오며 꼴을 얻고
그 누구도 빼앗아 갈 수 없단다
너는 나의 사랑스러운 양,
나는 너를 부르는 선한 목자란다

DAY 28

진실하고 깨끗한 입술

자녀의 말이 의롭고 진실하길 기도합니다

죽고 사는 것이 혀의 힘에 달렸나니 혀를 쓰기
좋아하는 자는 혀의 열매를 먹으리라. 잠언 18:20-21

다음은 아이와 함께 읽은 동화책의 내용입니다.

왕이 한 신하에게는 세상에서 가장 좋은 것을, 다른 한 신하에게는 세상에서 가장 나쁜 것을 찾아오라고 했습니다. 두 신하는 세상의 이곳저곳을 다니다가 왕께 돌아왔는데, 놀랍게도 그들이 가져온 것은 똑같았습니다. 그것은 바로 '혀'였습니다.

하나님의 말씀처럼 혀는 살리기도 하고 죽이기도 하며 세우기도 하고 허물기도 하는 권세와 위력을 가지고 있습니다. 배의 키와 같이 인생을 좌우하기도 하고, 뼈 없는 혀가 뼈를 꺾는 강한 무기가 되기도 합니다. 하나님은 "우리의 혀가 이기리라 우리 입술은 우리 것이니 우리를 주관할 자 누구리요"(시 12:4)라고 말씀하시며 바벨탑을 쌓아올린 인간의 언어를 나누시고 그 계획을 허무셨습니다.

혀는 반드시 열매를 내고, 혀로 쏟아낸 모든 말은 주께 들려집니다. 그러므로 우리는 두려운 마음으로 그분 앞에서 말하듯 해야 합니다. 또한 야생마를 훈련하듯 지속적으로 혀를 길들여야 합니다. 우리 자녀들이 혀를 잘 다스려 주의 말씀을 담은 복된 통로로 살아가길 간절히 원합니다.

진리를 선포하시는 주님,

사랑하는 자녀가 진실하고 깨끗한 입술로 자신을 가꿔 나가길 원합니다. 능히 온몸을 더럽히고 삶의 수레바퀴를 불사르는 아이의 혀를 길들여 주세요. 모든 날카로운 혀로부터 보호해주시고, 꾸미고 속이는 악인의 입술과 참소하는 혀로부터 지켜 주세요. 아이가 거짓과 해를 꾸미는 말에 넘어가지 않도록 도와주세요.

아이가 사탄의 정죄하는 말에 낙심하지 않고, 하나님의 거룩한 자녀임을 믿음으로 선포하게 해주세요. 온순한 말로 생명을 얻고, 소금으로 맛을 냄과 같이 덕을 세우고, 늘 아이의 입에 감사와 찬양이 넘치게 해주세요.

아이가 희롱의 말, 무익한 말, 더러운 말, 아첨하는 말을 입에 담지 않고, 남의 비밀을 누설하거나 인격을 허무는 말을 하지 않게 해주세요. 다툼이 날 수 있는 말을 삼가게 해주시고 성급하게 말하지 않으며 말을 적게 내게 해주세요. 또한 혀가 악에 묶일 수 있는 자리라면 그곳이 어디든 속히 떠나게 해주세요.

주님, 아이가 하는 말이 땅에 떨어지지 않게 해주세요. 오직 주의 말씀을 기준으로 지혜롭고 설득력 있게 말하게 해주세요. 늘 겸손히 자신의 잘못을 인정하고 먼저 용서를 구하게 해주세요. 온유함과 두려움으로 대답할 말을 항상 준비하게 해주세요.

아이의 입에 파수꾼을 세워 주셔서 그 입술의 문을 지켜 주시고, 우리 주 예수로 말미암아 항상 찬송의 제사를 드리고 주를 높이는 입술 되게 해주세요.

보혈 의지하여 예수님의 이름으로 기도합니다. 아멘.

혀는 곧 불이요 불의의 세계라 혀는 우리 지체 중에서 온몸을 더럽히고 삶의 수레바퀴를 불사르나니 그 사르는 것이 지옥 불에서 나느니라. 약 3:6

너를 치려고 제조된 모든 연장이 쓸모가 없을 것이라 일어나 너를 대적하여 송사하는 모든 혀는 네게 정죄를 당하리니 이는 여호와의 종들의 기업이요 이는 그들이 내게서 얻은 공의니라 여호와의 말씀이니라. 사 54:17

온순한 혀는 곧 생명 나무이지만 패역한 혀는 마음을 상하게 하느니라. 잠 15:4

너희 말을 항상 은혜 가운데서 소금으로 맛을 냄과 같이 하라 그리하면 각 사람에게 마땅히 대답할 것을 알리라. 골 4:6

누추함과 어리석은 말이나 희롱의 말이 마땅치 아니하니 오히려 감사하는 말을 하라. 엡 5:4

너는 하나님 앞에서 함부로 입을 열지 말며 급한 마음으로 말을 내지 말라 하나님은 하늘에 계시고 너는 땅에 있음이니라 그런즉 마땅히 말을 적게 할 것이라. 전 5:2

사무엘이 자라매 여호와께서 그와 함께 계셔서 그의 말이 하나도 땅에 떨어지지 않게 하시니. 삼상 3:19

여호와여 내 입에 파수꾼을 세우시고 내 입술의 문을 지키소서. 시 141:3

그러므로 우리는 예수로 말미암아 항상 찬송의 제사를 하나님께 드리자 이는 그 이름을 증언하는 입술의 열매니라. 히 13:15

부모를 안아주는
단비 축복

입술의 문을 지켜 주시는 주님,
사랑하는 자녀를 위하여 부르짖는 저를 축복해주세요.
제 입술의 말을 통하여 아이 삶의 수레바퀴가 잘 굴러
가길 소망합니다. 제게 학자의 혀를 주사 아이가 힘들
어 할 때 어떻게 도와줄지 알게 해주시고, 거짓이 아닌
참된 것을 말하도록 해주세요. 예수님의 이름으로 기
도합니다. 아멘.

나의 사랑하는 자녀야

오늘도 세상은
여러 가지 고운 말로 사망의 그물을 치는구나
스스로의 욕심에 끌려 미혹되지 말고
내 입의 모든 말을 주의하여 굳게 지켜라

창조의 열매를 누리는 입술

자녀가 축복하고 살리는 말을 하길 기도합니다

그가 저주하기를 좋아하더니
그것이 자기에게 임하고 축복하기를 기뻐하지 아니하더니
복이 그를 멀리 떠났으며. 시편 109:17

"말이 씨가 된다"는 속담처럼 다른 신체기관과 달리 입술의 말은 창조의 힘이 있습니다. 왜 말에는 창조적 힘이 있을까 생각하던 중, 너무 익숙해서 잊고 있던 창조 이야기가 떠올랐습니다. 하나님께서 말씀으로 세상을 창조하신 이야기 말입니다. 뿐만 아니라 하나님은 말을 통해 주님과 교제하게 하셨습니다. 말로 동물들의 이름을 지어 부르게 하셨고, 말을 온 세상을 다스리며 정복하는 도구로 사용하게 하셨습니다. 이처럼 말을 통한 권세와 축복은 크고 놀랍습니다.

하나님은 말을 통해 죽이고 살리는 권세를 내게 하셨습니다. 그분 자신을 가리켜 "입술의 열매를 창조하는" 분이라고 하셨듯 우리 입에서 나간 말은 우리 삶의 열매로 돌아오므로 오늘 우리가 하는 말은 참으로 중요합니다.

아이들의 말은 부모의 언어를 닮습니다. 그래서 늘 말에 주의하려고 하는데 그리 쉽지 않습니다. 우리는 자녀들과 함께 하나님 나라의 언어를 배워나가야 합니다. 감사하고 축복하며 서로 세워주는 따뜻한 말, 긍정적이고 선한 말, 그러나 죄에 대해서는 단호히 거절하는 말을 배워야 합니다. 사랑하는 자녀들의 입술에 하나님을 높여 드리고 이웃과 화평한 축복의 언어가 가득하길 소망합니다.

입술의 열매를 창조하시는 주님,

사랑하는 자녀에게 이웃을 축복하고 세워 주는 입술을 허락해주시길 간구합니다. 아이의 입술에서는 단물이 나고, 혀 밑에서는 풍성한 지식과 지혜가 젖과 꿀처럼 흘러 주님의 풍성한 지혜와 축복을 전하길 소망합니다.

주님, 아이의 입에서 나오는 모든 말이 글 솜씨 뛰어난 서기관의 붓끝처럼 마음이 상한 자들을 위로하고, 불의한 곳에서 정의를 외치고, 어둠을 몰아내는 살리는 말을 하게 해주세요.

아이가 성급하게 말을 뱉지 않고 깊이 생각해서 대답하고, 경우에 맞은 말을 함으로써 존귀히 여김을 받게 해주세요. 칭찬으로 상대를 존귀히 대하고, 많은 말을 하지 않더라도 큰 힘과 위로를 전하게 해주세요.

주님, 입으로 나간 말이 삶의 열매로 돌아오므로 늘 경우에 합당한 말을 하게 해주세요. 그 입의 열매로 복과 기쁨을 누리고 자신을 보호하게 해주세요. 마음과 말이 일치하기까지 진실과 의와 선을 따라 행하게 해주세요.

아이가 그 입술의 요구가 거절당하지 않는 고백을 주께
드리게 해주세요.

아이가 자신을 괴롭히는 자를 저주하기보다 그를 축복
하며 주님의 뜻을 따르게 해주세요. 가난한 자에게 아
름다운 소식을 전하고 포로 된 자에게 자유를, 갇힌 자
에게 놓임을 선포하며 주님의 마음을 대언하는 사랑의
전달자가 되게 해주세요.

아이의 입이 깨끗하고 건강한 음식을 찾게 해주시고,
가리지 않고 골고루 먹게 해주세요. 입안에 있는 잇몸,
이, 혀 등이 제 역할을 잘할 수 있도록 지켜 주세요. 아
이가 식탐에 빠지지 않고 골고루 먹으며 음식보다 주의
말씀을 귀히 여기게 해주세요.

보혈 의지하여 예수님의 이름으로 기도합니다. 아멘.

사람은 입에서 나오는 열매로 말미암아 배부르게 되나니 곧 그의 입술에서 나는 것으로 말미암아 만족하게 되느니라. 잠 18:20

너는 하나님 앞에서 함부로 입을 열지 말며 급한 마음으로 말을 내지 말라 하나님은 하늘에 계시고 너는 땅에 있음이니라 그런즉 마땅히 말을 적게 할 것이라. 전 5:2

경우에 합당한 말은 아로새긴 은 쟁반에 금 사과니라. 잠 25:11

도가니로 은을, 풀무로 금을, 칭찬으로 사람을 단련하느니라. 잠 27:21

말이 많으면 허물을 면하기 어려우나 그 입술을 제어하는 자는 지혜가 있느니라. 잠 10:19

그가 저주하기를 좋아하더니 그것이 자기에게 임하고 축복하기를 기뻐하지 아니하더니 복이 그

를 멀리 떠났으며. 시 109:17

여호와께서 이와 같이 말씀하시되 네가 만일 돌아오면 내가 너를 다시 이끌어 내 앞에 세울 것이며 네가 만일 헛된 것을 버리고 귀한 것을 말한다면 너는 나의 입이 될 것이라 그들은 네게로 돌아오려니와 너는 그들에게로 돌아가지 말지니라. 렘 15:19

주 여호와의 영이 내게 내리셨으니 이는 여호와께서 내게 기름을 부으사 가난한 자에게 아름다운 소식을 전하게 하려 하심이라 나를 보내사 마음이 상한 자를 고치며 포로된 자에게 자유를, 갇힌 자에게 놓임을 선포하며. 사 61:1

내 마음이 좋은 말로 왕을 위하여 지은 것을 말하리니 내 혀는 글솜씨가 뛰어난 서기관의 붓끝과 같도다. 시 45:1

부모를 안아주는
단비 축복

생명의 말씀으로 인도해주시는 주님,
사랑하는 자녀를 위하여 부르짖는 저를 축복해주세요.
제가 모든 사람에게 신중하고 부드러우며 지혜롭게
말하게 해주세요. 칼로 찌름같이 함부로 말하지 않게
해주시고, 험담하고 판단하는 말을 멈추게 해주세요.
저와 자녀들의 마음에 말로 입은 상처가 있다면 이 시
간 어루만져 주세요. 예수님의 이름으로 기도합니다.
아멘.

나의 사랑하는 자녀야

스스로 경건하다고 하면서
혀를 다스리지 않는 사람이라면
그의 신앙은 참 헛되단다
그러니 혀의 재갈은 벌이 아니라 선물이란다

복음을 선포하는 입술

자녀가 주를 그리스도라 고백하길 기도합니다

제자들이 안디옥에서 비로소
그리스도인이라 일컬음을 받게 되었더라. 사도행전 11:26

'그리스도를 따르는 사람들'이라는 의미의 '그리스도인'이라는 말은 제일 처음 안디옥에서 주님의 제자들을 부를 때 사용한 말입니다. 당시 사람들은 그리스도인들을 비웃었지만 후에는 그 이름을 존귀히 여겼습니다. 그리스도인이라는 이름만으로 자신의 정체성을 나타내고, 주의 이름을 위하여 목숨도 아끼지 않은 그들을 통하여 주를 모욕하고 성도들을 핍박한 자들이 마침내 선한 그리스도인이 되었기 때문입니다.

오늘을 살아가는 우리 삶의 모습이 "나는 그리스도인입니다!"라고 드러내고 있는지 돌아봅니다. 교회 안에서만이 아닌 세상에서 그리스도인으로 살아가기를 원합니다. 자녀들에게 진정한 그리스도인의 삶이란 어떠한지 본을 보이고 믿음의 유산을 물려주고 싶습니다. 우리의 자녀들이 주님의 이름으로 세상을 살아가고 주님의 이름을 높이며 주님의 사람임을 부끄러워하지 않는 용사로 세워지길 원합니다.

지금은 부모와 자녀 세대가 연합하여 일어나 세상을 향해 "나는 그리스도인입니다!"라고 담대히 외쳐야 할 때입니다.

우리의 구원되시는 주님,

사랑하는 자녀에게 "나는 그리스도인입니다"라고 선
포할 수 있는 믿음을 허락해주시길 간구합니다. 아이가
예수 그리스도를 주라 고백함으로써 구원에 이르고, 그
의 평생에 하나님 아버지께 영광을 돌리게 해주세요.

아이가 모든 사람 앞에서 예수를 주라 시인하고 복음
의 비밀을 담대히 전하길 원합니다. 사람들에게 어떻
게 대답할지, 무엇을 말할지 미리 염려하지 않고 성령
님이 가르쳐 주시는 대로 담대히 입을 열어 전하게 해
주세요.

아이의 입에 주를 찬송하고 주께 영광 돌리는 고백이
가득하길 원합니다. 아이가 주를 찬양할 때 그 입술이
기뻐 외치고, 그 영혼이 즐거워하게 해주세요. 아이가
주의 말씀을 읊조리고 익혀 그 입에 말씀을 담고 살아
가게 해주세요.

아이가 입을 열어 주님의 이름을 선포할 때, 듣지 못하
는 자들이 듣고, 앉은뱅이가 일어나고, 말 못하는 자가

입을 열어 찬송하는 역사가 일어나게 해주세요. 아이의 입술을 죄를 베어내는 날카로운 칼과 같이, 적을 뚫는 갈고 닦은 화살같이 능하게 하셔서 악의 진영을 부스러기와 겨와 같이 부수게 해주세요.

주님, 아이가 세상을 향해 "나는 그리스도인입니다"라고 말하는 것을 자랑스러워하게 해주세요. 아이의 입에 두신 언약의 말씀과 그리스도인임을 고백하는 믿음의 유산이 아이와 그의 후대의 입에서 떠나지 않고 대대로 지켜지게 해주세요.

보혈 의지하여 예수님의 이름으로 기도합니다. 아멘.

더 깊은 기도로 이끄는
단비 말씀

모든 입으로 예수 그리스도를 주라 시인하여 하나님 아버지께 영광을 돌리게 하셨느니라. 빌 2:11

누구든지 사람 앞에서 나를 시인하면 나도 하늘에 계신 내 아버지 앞에서 그를 시인할 것이요. 마 10:32

사람이 너희를 회당이나 위정자나 권세 있는 자 앞에 끌고 가거든 어떻게 무엇으로 대답하며 무엇으로 말할까 염려하지 말라 마땅히 할 말을 성령이 곧 그 때에 너희에게 가르치시리라 하시니라. 눅 12:11-12

내가 주를 찬양할 때에 나의 입술이 기뻐 외치며 주께서 속량하신 내 영혼이 즐거워하리이다 나의 혀도 종일토록 주의 의를 작은 소리로 읊조리오리니 나를 모해하려 하던 자들이 수치와 무안을 당함이니이다. 시 71:23-24

밤에 주께서 환상 가운데 바울에게 말씀하시되 두려워하지 말며 침묵하지 말고 말하라. 행 18:9

베드로가 이르되 은과 금은 내게 없거니와 내게 있는 이것을 네게 주노니 나사렛 예수 그리스도의 이름으로 일어나 걸으라 하고. 행 3:6

내 입을 날카로운 칼 같이 만드시고 나를 그의 손 그늘에 숨기시며 나를 갈고 닦은 화살로 만드사 그의 화살통에 감추시고. 사 49:2

여호와께서 이르시되 내가 그들과 세운 나의 언약이 이러하니 곧 네 위에 있는 나의 영과 네 입에 둔 나의 말이 이제부터 영원하도록 네 입에서와 네 후손의 입에서와 네 후손의 후손의 입에서 떠나지 아니하리라 하시니라 여호와의 말씀이니라. 사 59:21

부모를 안아주는
단비 축복

저희 가정을 택하여 주신 주님,
사랑하는 자녀를 위하여 부르짖는 저를 축복해주세요.
제가 자녀에게 믿음의 유산을 남기는 부모가 되길 원
합니다. 말이 아닌 삶으로, 강요가 아닌 본을 보임으로
그리스도인임을 나타내게 해주세요. 주님의 언약을 전
하는 복의 통로로 저희 가정을 사용해주시길 원하며
예수님의 이름으로 기도합니다. 아멘.

나의 사랑하는 자녀야

너는 택하신 족속이요 왕 같은 제사장이요
거룩한 나라요 나의 소유된 백성이니
너를 어두운 데서 불러내어 기이한 빛으로 들어가게 한
나의 아름다운 덕을 선포하여라

부지런하고 능숙한 손

자녀의 손이 수고의 열매를 거두길 기도합니다

인자가 온 것은 섬김을 받으려 함이 아니라
도리어 섬기려 하고 자기 목숨을
많은 사람의 대속물로 주려 함이니라. 마태복음 20:28

우리의 손은 섬길 때 가장 아름답습니다. 그 때가 예수님의 손을 가장 많이 닮은 순간이기 때문입니다. 손과 관련하여 제 이야기를 하나 나누려고 합니다.

시어머니는 마흔세 살에 저희 남편을 낳고 많은 사랑을 주셨습니다. 그러나 안타깝게도 남편은 소아당뇨를 진단받고 여러 어려움 가운데 자라야 했습니다. 그럼에도 남편은 주의 은혜로 소원하던 공부를 잘 마쳤습니다. 남편의 졸업식을 잘 마치고 저희는 시어머니와 함께 여행을 떠났습니다. 잠시 쉬게 된 휴게소에서 남편은 어머니의 다리를 베고 곤히 잠이 들어 있었습니다. 그때 나직이 울음 섞인 한 목소리가 들렸습니다. "내가 네 병을 지고 죽을 수 있다면, 그럴 수만 있다면…" 세월의 흔적이 쌓인 손으로 아들의 머리를 쓰다듬으며 눈물을 흘리시던 시어머니의 고백이었습니다. 아들을 위해서라면 아낌없이 수고하셨던 어머니의 손이 참 그립습니다.

우리를 위하여 생명조차 아끼지 않으셨던 예수님, 우리 죄를 위하여 못 박히신 예수님의 그 피 묻은 손을 바라봅니다. 그 손으로 보이신 놀라운 사랑과 섬김을 묵상합니다. 주님이 이 땅에서 보이신 사랑의 수고와 행적을 찬양하며 우리와 우리 자녀들도 그 섬김의 길을 따르기를 소망합니다.

사랑으로 어루만져 주시는 주님,

사랑하는 자녀가 주님의 거룩한 손을 기억하며 살아
가길 간구합니다. 아이가 두 손을 죄로 더럽히지 않게
해주시고, 선을 행하는 깨끗한 손으로 살아가게 해주
세요.

아이의 두 손이 병들고 가난한 자들의 필요를 채워 주
는 섬김의 손이 되길 원합니다. 인색함이나 억지로 내
는 손이 아니라 후히 넘치도록 나누어 주는 풍성한 손
이 되게 해주세요. 소외된 자들에게 먼저 손을 내미는
선한 능력의 손이 되게 해주세요.

과부를 빈손으로 돌려보내고 고아의 팔을 꺾는 무정한
손이 아니라 남을 윤택하게 하고 절망한 자를 일으키는
강하고 부요한 손이 되게 해주세요. 부지런하고 성실한
손으로 성도들의 쓸 것을 공급하고 손 대접하는 것을
즐거워하는 베푸는 손이 되게 해주세요.

아이가 맡겨진 일에 능숙한 손이 되기까지 인내를 가지
고 훈련하도록 도와주세요. 손이 수고한 모든 일에 풍

성한 열매를 주시고, 그 손이 행한 모든 일을 견고케 해주세요. 손으로 하는 모든 일이 관절에 무리가 되지 않게 해주시고, 손가락 끝까지 혈액순환이 잘 되게 해주세요.

혈루증 앓는 여인이 간절히 주의 옷자락을 만진 것처럼 아이가 주를 향하여 믿음의 손을 뻗게 해주세요. 비록 그 손이 느리고 약하며 쉬이 피곤해질지라도 주의 강한 팔로 붙드사 은혜를 베풀어 주세요.

주님, 아이에게 하나님 나라를 위하여 무기를 드는 손, 불의를 막는 의로운 손, 손에 쟁기를 잡고 뒤돌아보지 않는 손, 많은 이들의 손을 강하게 세우는 손을 허락하사 그의 행사를 통하여 주의 손을 보는 영광을 누리게 해주세요.

보혈 의지하여 예수님의 이름으로 기도합니다. 아멘.

여호와께서 내 의를 따라 상 주시며 내 손의 깨끗함을 따라 내게 갚으셨으니. 시 18:20

주라 그리하면 너희에게 줄 것이니 곧 후히 되어 누르고 흔들어 넘치도록 하여 너희에게 안겨 주리라 너희가 헤아리는 그 헤아림으로 너희도 헤아림을 도로 받을 것이니라. 눅 6:38

구제를 좋아하는 자는 풍족하여질 것이요 남을 윤택하게 하는 자는 자기도 윤택하여지리라. 잠 11:25

주의 팔에 능력이 있사오며 주의 손은 강하고 주의 오른손은 높이 들리우셨나이다. 시 89:13

이에 그가 그들을 자기 마음의 완전함으로 기르고 그의 손의 능숙함으로 그들을 지도하였도다. 시 78:72

여호와께서 명령하사 네 창고와 네 손으로 하는 모든 일에 복을 내리시고 네 하나님 여호와께서 네게 주시는 땅에서 네게 복을 주실 것이며. 신 28:8

주 우리 하나님의 은총을 우리에게 내리게 하사 우리의 손이 행한 일을 우리에게 견고하게 하소서 우리의 손이 행한 일을 견고하게 하소서. 시 90:17

예수께서 이르시되 손에 쟁기를 잡고 뒤를 돌아보는 자는 하나님의 나라에 합당하지 아니하니라 하시니라. 눅 9:62

요셉의 활은 도리어 굳세며 그의 팔은 힘이 있으니 이는 야곱의 전능자 이스라엘의 반석인 목자의 손을 힘입음이라. 창 49:24

부모를 안아주는
단비 축복

강한 팔로 붙들어 주시는 주님,
사랑하는 자녀를 위하여 부르짖는 저를 축복해주세요.
행여나 다칠까, 힘이 들까 염려하며 제 힘으로 꼭 잡고
있던 아이의 손을 능하신 주님의 손에 온전히 맡겨 드
립니다. 저도, 저희 아이도 주님의 것입니다. 주님, 저
희 가정이 하늘창고에 보화가 쌓이는 기쁨을 누리길
원하오니 주는 것의 복됨과 은밀히 구제하는 지혜를
가르쳐 주세요. 예수님의 이름으로 기도합니다. 아멘.

나의 사랑하는 자녀야

네가 새벽 날개 치며 바다 끝에 거할지라도
너를 두른 빛이 어둠으로 변할지라도
나는 거기서도 너를 붙들고 그 손을 놓지 않을 거란다

주님의 가벼운 짐을 지는 등

자녀가 무거운 짐을 주께 내려놓길 기도합니다

날마다 우리 짐을 지시는 주 곧 우리의 구원이신
하나님을 찬송할지로다. 시편 68:19

어린 저를 어르고 달래 등에 업어 주신 엄마의 온기가 지금까지도 잊히지 않습니다. 사실 제 아이를 등에 업기 전까지 누군가를 업는 일이 이렇게 힘든 줄 몰랐습니다. 그럼에도 제 등에 꼭 붙어 곤히 잠든 아이의 숨소리를 들으면 힘든 것이 다 잊혀지고 마냥 행복해집니다. 내 안에 어디에서 이런 사랑의 힘이 나올까 놀라기도 합니다.

어느 날, 친정어머니와 함께 길을 가다가 제가 조금 뒤쳐져 걷게 되었습니다. 어느새 많이 굽어진 엄마의 등이 눈에 들어왔습니다. 남편을 일찍 여의고 홀로 자식들을 키워 오신 고된 삶의 무게가 느껴졌습니다. 그 순간 제 눈에 눈물이 고이며 엄마의 연약한 등 위로 십자가를 지고 언덕을 오르시던 주님의 모습이 겹쳐 보였습니다. 내가 마땅히 지어야 할 무거운 짐이 사랑이라는 이름으로 누군가의 등에 대신 지워진 사람은 진정 행복한 사람입니다.

"네 자녀를 위하여 무거운 짐을 함께 져줄 수 있겠니?"라고 부드럽게 물으시는 주의 음성이 들리는 듯합니다. 내 짐은 가벼우니 나와 함께 그 짐을 지자고 요청하시는 그 음성에 감사드리며 오늘도 그 짐을 달게 지고 일어납니다. 우리가 사랑의 수고를 향하여 주님과 동행하길 소원합니다.

죄의 짐을 져 주신 주님,

사랑하는 자녀가 주의 따뜻하고 넉넉한 등을 가진 자로
살아가길 간구합니다. 아이가 우리의 모든 허물과 죄의
짐을 져 주신 주님을 날마다 묵상하게 해주세요.

아이가 등에 지고 있는 모든 수고하고 무거운 짐과 모
든 죄의 짐을 주께로 가져가도록 인도해주세요. 십자가
아래 그 모든 짐이 풀리는 은혜를 경험하게 해주세요.
모든 죄가 하나님의 등 뒤로 던져지는 은혜를 누리게
해주세요. 날마다 주께서 채찍에 맞으심으로 나음을 입
었음을 고백하며 죄로부터 해방시켜 주신 그 은혜 안에
살아가게 해주세요.

아이의 등에 지워진 모든 질병과 악습의 멍에를 꺾어
주세요. 주님의 쉽고 가벼운 멍에를 지는 등이 되게 해
주세요. 자기 십자가를 등에 지고 주님의 뜻을 이루어
드리는 삶을 살아가게 해주세요.

주님, 독수리가 날개로 자기 새끼를 보호하듯 아이를
지켜 주세요. 아이가 수치를 당하지 않도록 보호해주

세요. 낮에는 구름기둥으로, 밤에는 불기둥으로 호위하
시는 주의 사랑으로 돌봐주세요. 아이가 주를 등지거나
믿음을 저버리는 일이 없도록 굳게 붙들어 주세요.

연약하고 어려움에 처한 자들에게 자신의 등을 내어 주
며 사랑의 짐을 지는 등이 되게 해주세요. 모든 악한 길
과 세상의 모든 유혹으로부터 등을 돌리고, 평생에 주
의 십자가를 자랑하며 주의 뜻을 따라 육체의 남은 때
를 사는 믿음의 자녀가 되도록 인도해주세요.

보혈 의지하여 예수님의 이름으로 기도합니다. 아멘.

더 깊은 기도로 이끄는
단비 말씀

그는 실로 우리의 질고를 지고 우리의 슬픔을 당하였거늘 우리는 생각하기를 그는 징벌을 받아 하나님께 맞으며 고난을 당한다 하였노라 그가 찔림은 우리의 허물 때문이요 그가 상함은 우리의 죄악 때문이라 그가 징계를 받으므로 우리는 평화를 누리고 그가 채찍에 맞으므로 우리는 나음을 받았도다. 사 53:4-5

보옵소서 내게 큰 고통을 더하신 것은 내게 평안을 주려 하심이라 주께서 내 영혼을 사랑하사 멸망의 구덩이에서 건지셨고 내 모든 죄를 주의 등 뒤에 던지셨나이다. 사 38:17

너희를 내 백성으로 삼고 나는 너희의 하나님이 되니 나는 애굽 사람의 무거운 짐 밑에서 너희를 빼낸 너희의 하나님 여호와인 줄 너희가 알지라. 출 6:7

내가 애굽 사람에게 어떻게 행하였음과 내가 어떻게 독수리 날개로 너희를 업어 내게로 인도하였음을 너희가 보았느니라. 출 19:4

수고하고 무거운 짐 진 자들아 다 내게로 오라 내가 너희를 쉬게 하리라 나는 마음이 온유하고 겸손하니 나의 멍에를 메고 내게 배우라 그리하면 너희 마음이 쉼을 얻으리니 이는 내 멍에는 쉽고 내 짐은 가벼움이라 하시니라. 마 11:28-30

또 무리에게 이르시되 아무든지 나를 따라오려거든 자기를 부인하고 날마다 제 십자가를 지고 나를 따를 것이니라. 눅 9:23

내 마음이 악한 일에 기울어 죄악을 행하는 자들과 함께 악을 행하지 말게 하시며 그들의 진수성찬을 먹지 말게 하소서. 시 141:4

부모를 안아주는
단비 축복

마음에 쉼을 주시는 주님,
사랑하는 자녀를 위하여 부르짖는 저를 축복해주세요.
수고하고 무거운 짐 진 제 삶에 찾아와주신 주님께 감
사드리며 저도 예수님처럼 등을 내어 줄 수 있는 자로
살아가리라 결단합니다. 제가 자녀들의 짐을 지고 주
님과 함께 나아갈 수 있도록 힘을 주세요. 오늘도 주
앞에 나아가 마음에 쉼을 얻으며 예수님의 이름으로
기도합니다. 아멘.

나의 사랑하는 자녀야

피곤하여 낙심하지 않기 위하여 나를 바라보아라
나는 너를 위하여 십자가에 달려
모든 수치를 참아내었단다
나를 거역한 모든 일을 참아내었단다

휘지 않고 곧게 펴진 등

자녀가 주저앉지 않도록 곧게 세워 주시길 기도합니다

네 짐을 여호와께 맡기라 그가 너를 붙드시고
의인의 요동함을 영원히 허락하지 아니하시리로다.
시편 55:22

중년을 훌쩍 넘긴 나이에 예수님을 만난 친정어머니는 암으로 회복의 시간을 보낼 때 생애 처음으로 기도원에 가고 싶다고 하셨습니다. 어머니는 기도원에서 며칠을 보내고 돌아오는 차 안에서 저희 삼남매에게 "처음 불러본 찬양인데 은혜가 되어서 꼭 불러 주고 싶구나" 하시며 찬양을 부르셨습니다.

"나의 등 뒤에서 나를 도우시는 주 나의 인생길에서 지치고 곤하여 매일처럼 주저앉고 싶을 때 나를 밀어주시네 일어나 걸어라 내가 새 힘을 주리니 일어나 너 걸어라 내 너를 도우리." 나의 등 뒤에서, 최용덕

어머니는 찬양 가사에 저희 삼남매의 이름을 다 넣어 이 찬양을 부르고 또 불러 주셨습니다. 저희도 함께 따라 부르며 눈물의 찬양집회를 가졌습니다. 지금도 어머니는 저희에게 신앙의 그늘을 만들어 주시고 길을 내어 주고 계십니다. 굵은 눈물자국 가득한 어머니의 성경을 볼 때마다, 한결같이 기도의 자리를 찾아 엎드리시는 어머니의 등을 볼 때마다 내어 주신 그 길을 따르게 됩니다.

이제 저도 자녀들이 따를 수 있는 믿음의 길을 내어 주는 부모가 되고 싶습니다. 오늘도 나의 등 뒤에서 도우시고 갈 길을 인도하시는 그 사랑을 힘입어 기도의 자리로 나아갑니다.

등 뒤에서 항상 지켜 주시는 주님,

사랑하는 자녀가 이제는 자신이 사는 것이 아니요, 자신을 위하여 죽으신 주를 위해 살아가기를 원합니다. 다시는 죄에게 종노릇하지 않고 사랑의 종이 되어 성도와 함께 짐을 지고 서로 등을 맞대어 보호하며 선한 청지기로 살아가게 해주세요.

아이가 그리스도의 고난에 참여하는 것을 즐거워하길 원합니다. 청년의 정욕을 피하고, 깨끗한 마음으로 주를 부르는 자들과 함께 의와 믿음, 사랑과 화평을 따르게 해주세요. 주에 대하여 확신한 것들을 견고히 잡고 뒤돌아보지 않게 해주세요. 자기 생활에 얽매이지 않고 주를 기쁘시게 하는 삶을 살게 해주세요.

주님, 물이 침몰 시키지 못하고 불이 머리털 하나도 사르지 못하도록 저희 아이를 지켜 주세요. 어떠한 재앙이 와도 피할 길을 내어 주시고, 원수들의 등을 아이에게로 향하게 하사 승리하게 해주세요.

아이가 여호와를 자기 하나님으로 삼은 자의 복을 누리

길 원합니다. 등을 들썩이며 슬피 우는 인생이 아닌, 등을 곧추 세우고 어디서나 당당하게 해주세요. 등이 휘지 않고 바른 자세가 흐트러지지 않도록 붙들어 주세요. 속사람의 등도 그리스도 예수 안에 있는 은혜 가운데 강하게 해주세요.

주님, 우리의 아들들을 장성한 나무들처럼, 우리의 딸들을 궁궐을 장식하는 기둥들처럼 세워 주세요. 그들의 산업이 무너지지 않게 해주세요. 하나님의 대로를 수축하는 귀한 일꾼 되게 해주세요.

보혈 의지하여 예수님의 이름으로 기도합니다. 아멘.

더 깊은 기도로 이끄는
단비 말씀

내가 그리스도와 함께 십자가에 못 박혔나니 그런즉 이제는 내가 사는 것이 아니요 오직 내 안에 그리스도께서 사시는 것이라 이제 내가 육체 가운데 사는 것은 나를 사랑하사 나를 위하여 자기 자신을 버리신 하나님의 아들을 믿는 믿음 안에서 사는 것이라. 갈 2:20

주께서 또 내 원수들이 등을 내게로 향하게 하시고 내게 나를 미워하는 자를 끊어 버리게 하셨음이니이다. 삼하 22:41

너희는 그들을 두려워하지 말고 지극히 크시고 두려우신 주를 기억하고 너희 형제와 자녀와 아내와 집을 위하여 싸우라 하였느니라. 느 4:14

각각 은사를 받은 대로 하나님의 여러 가지 은혜를 맡은 선한 청지기 같이 서로 봉사하라. 벧전 4:10

또한 너는 청년의 정욕을 피하고

주를 깨끗한 마음으로 부르는 자들과 함께 의와 믿음과 사랑과 화평을 따르라. 딤후 2:22

우리가 시작할 때에 확신한 것을 끝까지 견고히 잡고 있으면 그리스도와 함께 참여한 자가 되리라. 히 3:14

병사로 복무하는 자는 자기 생활에 얽매이는 자가 하나도 없나니 이는 병사로 모집한 자를 기쁘게 하려 함이라. 딤후 2:4

네가 물 가운데로 지날 때에 내가 너와 함께 할 것이라 강을 건널 때에 물이 너를 침몰하지 못할 것이며 네가 불 가운데로 지날 때에 타지도 아니할 것이요 불꽃이 너를 사르지도 못하리니. 사 43:2

내 아들아 그러므로 너는 그리스도 예수 안에 있는 은혜 가운데서 강하고. 딤후 2:1

부모를 안아주는
단비 축복

새 힘을 주시는 주님,
사랑하는 자녀를 위하여 부르짖는 저를 축복해주세요.
제게 허락하신 귀한 자녀를 잘 양육할 수 있도록 힘을
주시고, 그 안에서 기쁨을 누리게 해주세요. 지칠 때마
다 주의 등에 기대어 쉬게 해주시고, 함께 등을 맞대어
나아갈 수 있는 동역자들을 허락해주세요. 예수님의
이름으로 기도합니다. 아멘.

나의 사랑하는 자녀야

네 앞으로 모든 선한 것을 지나가게 하리라
내 이름을 네 앞에 선포하리라
내가 친히 가리라 내가 너를 쉬게 하리라

꼿꼿하나 겸손한 목

자녀가 고집을 꺾고 겸손으로 목을 세우길 기도합니다

그러므로 너희는 마음에 할례를 행하고
다시는 목을 곧게 하지 말라. 신명기 10:16

주님을 향해 겸손히 조아리는 목이 되지 못하도록 방해하는 '적'이 있습니다. 그것은 바로 '고집'입니다. 우리는 자녀를 키우면서 꽉 닫힌 문처럼 느껴지게 하는 이 고집을 종종 만나게 됩니다. 성경에서 "목이 곧은"이라는 표현이 이에 해당합니다.

또한 고집은 교만한 마음의 열매이며 겸손과 인내가 부족한 모습입니다. 출애굽 이후 이스라엘 백성에게서 바로 이 모습을 볼 수 있습니다. 하나님은 금송아지를 만들고 가나안 족속의 장대함 앞에 떨며 원망하던 그들을 향하여 '목이 곧은 백성'이라고 하셨습니다. 이스라엘 백성은 모세의 기도로 진멸될 위기를 모면했으나 우리는 40년간이나 계속된 그들의 불순종을 잘 알고 있습니다.

주님은 우리의 자녀들이 자발적인 의지로 그분의 명령에 순종하는 백성이 되도록 우리에게 모세의 기도를 요청하십니다. 우리가 자녀들의 입술에서 "자원하는 심령을 주사 나를 붙드소서"(시 51:12)라는 말이 고백되어지기까지 주님 앞으로 나아가길 소망합니다. 우리의 자녀들이 주님을 향하여 순종하는 부드러운 목을 가지길 원합니다.

십자가에서 죽기까지 순종하신 주님,

사랑하는 자녀에게 고집스러운 목이 아닌 부드러운 목
을 허락해주시길 간구합니다. 아이의 목에 주의 약속의
말씀을 걸어 주셔서 그 말씀을 굳게 믿고 주저하거나
두려워하지 않게 해주세요. 그래서 마리아처럼 "말씀
대로 내게 이루어지이다" 고백해야 하는 자리를 놓치
지 않고, 목이 곧은 이스라엘 백성처럼 주님 앞에서 어
리석게 행동하지 않게 해주세요.

세상의 유혹과 시험에 대해서는 강하게 거절하고 저항
하는 목이 되게 해주세요. 세상에서는 어리석고 미련해
보일지라도 주께 순종함으로 주의 선하심을 나타내게
해주세요. 가정에서, 교회에서, 학교에서 고집을 피우
지 않고 기쁘게 순종하는 습관을 잘 들이게 해주세요.

주님, 모든 음식과 호흡의 통로가 되는 목을 튼튼하게
해주세요. 적절한 쉼과 운동을 통하여 목이 굳거나 근
육이 뭉치지 않도록 지켜 주세요. 목 건강에 나쁜 생활
습관을 의지적으로 고쳐 나갈 수 있도록 도와주세요.

오늘도 아이가 중보자 되시는 예수님과 부모의 기도에 힘입어 승리하길 원합니다. 아이가 상아 망대처럼 힘 있고 아름답고 순결한 주님의 신부가 되길 원합니다. 그 목에 아름다움과 존귀함을 입히시는 주의 사랑을 더욱 알게 해주세요. 주님께만 순종하는 의지의 목이 되게 해주시고, 주의 사랑과 성실을 그 목에 두르고 따르게 해주세요.

믿음의 여정이 끝날 때, 그 머리 위에 의의 면류관과 목에 승리의 금목걸이를 걸어 주시는 주를 뵙게 해주세요.

보혈 의지하여 예수님의 이름으로 기도합니다. 아멘.

그러므로 너희는 마음에 할례를 행하고 다시는 목을 곧게 하지 말라. 신 10:16

인자와 진리가 네게서 떠나지 말게 하고 그것을 네 목에 매며 네 마음판에 새기라. 잠 3:3

시험을 참는 자는 복이 있나니 이는 시련을 견디어 낸 자가 주께서 자기를 사랑하는 자들에게 약속하신 생명의 면류관을 얻을 것이기 때문이라. 약 1:12

대저 의인은 일곱 번 넘어질지라도 다시 일어나려니와 악인은 재앙으로 말미암아 엎드러지느니라. 잠 24:16

하나님의 지혜에 있어서는 이 세상이 자기 지혜로 하나님을 알지 못하므로 하나님께서 전도의 미련한 것으로 믿는 자들을 구원하시기를 기뻐하셨도다. 고전 1:21

그러므로 자기를 힘입어 하나님께 나아가는 자들을 온전히 구원하실 수 있으니 이는 그가 항상 살아 계셔서 그들을 위하여 간구하심이라. 히 7:25

이것을 너희에게 이르는 것은 너희로 내 안에서 평안을 누리게 하려 함이라 세상에서는 너희가 환난을 당하나 담대하라 내가 세상을 이기었노라. 요 16:33

내 누이, 내 신부야 네가 내 마음을 빼앗았구나 네 눈으로 한 번 보는 것과 네 목의 구슬 한 꿰미로 내 마음을 빼앗았구나. 아 4:9

마리아가 이르되 주의 여종이오니 말씀대로 내게 이루어지이다 하매 천사가 떠나가니라. 눅 1:38

하나님은 한 분이시요 또 하나님과 사람 사이에 중보자도 한 분이시니 곧 사람이신 그리스도 예수라. 딤전 2:5

부모를 안아주는
단비 축복

자원하는 심령을 주시는 주님,
사랑하는 자녀를 위하여 부르짖는 저를 축복해주세요.
주께 순종하기 원하는 강한 의지와 부드러운 목을 허
락하사 주의 진리를 목에 매고 순전한 마음으로 주의
뜻을 구하고 행하게 해주세요. 아이가 고집 피울 때 지
혜를 주는 훈계와 채찍으로 제멋대로 행동하지 못하도
록 다스리고, 무엇보다 제가 먼저 순종의 본을 보이게
해주세요. 예수님의 이름으로 기도합니다. 아멘.

나의 사랑하는 자녀야

목을 곧게 한 네 형제들이
멸망하도록 내버려진 것을 보지 않았느냐
지금 네 자리에서 순종과 겸손을 배우거라

거룩한 것을 매는 어깨

자녀의 어깨에 기름부음이 임하길 기도합니다

그날에 그의 무거운 짐이 네 어깨에서 떠나고
그의 멍에가 네 목에서 벗어지고
기름진 까닭에 멍에가 부러지리라. 이사야 10:27

히브리인들은 가죽부대 같은 무거운 짐을 어깨에 메어 날랐고, 잃어버린 양을 어깨에 메고 돌아왔습니다. 레위인들은 언약궤를 어깨에 메고 옮겼고, 대제사장은 열두 지파의 이름이 새겨진 호마노 보석을 에봇의 양어깨에 하나씩 매달았습니다. 이사야 선지자는 심판의 권세가 메시야에게 있음을 "그 어깨에는 정사를 메었고"라고 표현했습니다. 이를 통해 우리는 어깨가 '책임과 의무', '권세와 권위', '인생의 수고와 고통'을 의미함을 알 수 있습니다.

성경은 각자가 감당해야 하는 '분깃', '유업'의 짐을 지라고 말합니다. 또한 연약한 이웃의 짐을 대신 지라고 합니다. 언약궤를 지고 주의 법을 성취하는 걸음을 내딛으라고 합니다. 함께 멍에를 지면 안 되는 대상과 영역을 구별하라고도 합니다. 자녀들이 이렇게 다양한 영적, 육적 어깨의 기능을 잘 감당하려면 먼저 속사람의 어깨에 주의 능력의 기름이 부어져야 합니다. 기름부음이 임하면 아무리 단단한 멍에라도 부서지고 벗겨질 것입니다. 주님의 긍휼(compassion)이 임하면 고난의 짐이 벗겨지고 결코 놓쳐서는 안 될 기업으로서의 짐이 지워질 것입니다. "이르시되 내가 그의 어깨에서 짐을 벗기고 그의 손에서 광주리를 놓게 하였도다"(시 81:6). 우리 자녀들의 영적 어깨가 강해져서 주님이 주신 짐을 끝까지 질 수 있기를 소망합니다.

기름부음 받은 자의 구원의 요새이신 주님,

사랑하는 자녀의 어깨에 구원의 기쁨을 입혀 주시기를 간구합니다. 죄인에게 지워진 무거운 수고의 짐을 벗겨 주시고, 그 어깨에 놓인 죄의 사슬을 부서뜨려 주세요.

혹여 아이가 어릴 적부터 무작정 지고 온 무거운 짐이 있다면 주님 앞에 나아가 내려놓게 해주시고, 그 짐으로부터 온전히 자유해질 수 있도록 은혜를 베풀어 주세요. 주의 어깨 사이에서 철저하고 확실한 보호를 누리게 해주세요.

주님, 아이에게 반듯한 어깨와 튼튼한 뼈를 주시고 강건케 해주세요. 움츠려진 어깨가 아닌 주의 법을 실천하며 주의 사람들과 사랑을 운반하는 협력하는 어깨로 새롭게 해주세요. 아이가 어깨를 고집스럽게 내미는 자가 아닌, 고난 중에 있는 사람들에게 기댈 어깨를 내어주는 자가 되게 해주세요.

아이가 자신에게 맡겨진 일에 게으르거나 불평하지 않고 잘 감당하게 해주세요. 마음이 온유하고 겸손한 주님의 멍에를 메고 배워서 그 마음에 쉼을 얻고 힘을 얻어 자신에게 맡겨진 유업을 잘 감당하게 해주세요.

아이에게 멍에를 함께 지어서는 안 될 대상과 영역을 분별할 수 있는 지혜를 허락해주세요. 이 세상이나 세상에 있는 것들을 사랑하지 않고 죄의 멍에를 세상 사람들과 함께 지지 않도록 지켜 주세요.

보혈 의지하여 예수님의 이름으로 기도합니다. 아멘.

더 깊은 기도로 이끄는
단비 말씀

내가 또 다윗의 집의 열쇠를 그의 어깨에 두리니 그가 열면 닫을 자가 없겠고 닫으면 열 자가 없으리라. 사 22:22

그는 허물과 죄로 죽었던 너희를 살리셨도다. 엡 2:1

다시 주의 율법을 복종하게 하시려고 그들에게 경계하셨으나 그들이 교만하여 사람이 준행하면 그 가운데에서 삶을 얻는 주의 계명을 듣지 아니하며 주의 규례를 범하여 고집하는 어깨를 내밀며 목을 굳게 하여 듣지 아니하였나이다. 느 9:29

베냐민에 대하여는 일렀으되 여호와의 사랑을 입은 자는 그 곁에 안전히 살리로다 여호와께서 그를 날이 마치도록 보호하시고 그를 자기 어깨 사이에 있게 하시리로다. 신 33:12

너희가 짐을 서로 지라 그리하여

그리스도의 법을 성취하라 … 각각 자기의 일을 살피라 그리하면 자랑할 것이 자기에게는 있어도 남에게는 있지 아니하리니 각각 자기의 짐을 질 것이라. 갈 6:2,4-5

우리가 선을 행하되 낙심하지 말지니 포기하지 아니하면 때가 이르매 거두리라. 갈 6:9

너희는 믿지 않는 자와 멍에를 함께 메지 말라 의와 불법이 어찌 함께 하며 빛과 어둠이 어찌 사귀며. 고후 6:14

그러므로 우리가 흔들리지 않는 나라를 받았은즉 은혜를 받자 이로 말미암아 경건함과 두려움으로 하나님을 기쁘시게 섬길지니. 히 12:28

또 무거운 짐을 묶어 사람의 어깨에 지우되 자기는 이것을 한 손가락으로도 움직이려 하지 아니하며. 마 23:4

부모를 안아주는
단비 축복

저희 가정의 왕 되신 주님,

사랑하는 자녀를 위하여 부르짖는 저를 축복해주세요.

세상을 살아가면서 주눅이 들고 어깨가 쳐질 때가 많

습니다. 지어야 할 책임의 무게와 해야 할 일들로 어깨

가 아플 때도 너무 많습니다. 이 모든 고통과 아픔을

주께 맡겨 드리오니 저를 긍휼을 여겨 주세요. 성령 안

에서 담대히 용기 내어 이 세상을 살아가도록 힘을 주

세요. 예수님의 이름으로 기도합니다. 아멘.

나의 사랑하는 자녀야

소망이 흐려지고 고통으로 신음할 때
성령이 네 약함을 도와주고 있음을 기억하렴
네가 어떻게 기도해야 할지 모르겠는 그때에도 성령은
이루 다 말할 수 없는 탄식으로 너를 대신해 간구한단다

몸의 기둥이 되는 뼈

자녀의 뼈가 평생 견고하길 기도합니다

주 여호와께서 이 뼈들에게 이같이 말씀하시기를
내가 생기를 너희에게 들어가게 하리니 너희가 살아나리라.
에스겔 37:5

몸의 골격을 유지하고 지지하는 뼈는 생각보다 많은 역할을 수행합니다. 특히, 뼈의 바깥쪽 부분의 두껍고 단단한 관절 부분은, 쿠션 같은 역할을 해주는 연골, 힘줄, 근육 등이 뼈가 서로 부딪히지 않고 몸이 부드럽게 움직일 수 있도록 해줍니다. 뼈 안에 있는 골수는 뼛속 깊은 곳을 채우며 피를 만들어 공기나 영양물질, 호르몬 등을 운반합니다. 단, 골수는 두꺼운 살을 지나 단단한 뼈를 뚫고 들어가야만 닿을 수 있어서 그곳에 병이 들면 고치기 어렵습니다. 그래서 골수에 원한이나 원망이 맺히면 해결할 방법이 없다고 하나 봅니다. 우리는 견디기 힘든 고통의 상황이나 잊을 수 없는 은혜를 표현할 때도 '뼈'라는 단어를 사용합니다. 각골명심(뼈와 마음에 새겨 잊지 않음), 각골난망(뼈에 새길 만큼 잊기 어려운 은혜), 분골쇄신(뼈를 가루로 만들고 몸을 부술 정도로 노력함) 등이 그렇습니다. 이처럼 뼈는 의지의 또 다른 표현으로도 사용됩니다.

하나님은 우리가 뼈와 같이 단단한 불신앙을 그분의 말씀으로 찔러 쪼개길 원하십니다. 죄악으로 가득 차 있는 골수를 주의 보혈로 덮길 원하십니다. 오늘, 주의 말씀 앞에 우리 자신과 사랑하는 자녀를 내어드림으로써 능히 살릴 수 없는 마른 뼈들이 주의 생기로 살아나길 간구합니다.

마른 뼈를 살리시는 주님,

사랑하는 자녀의 모든 마른 뼈가 주의 말씀의 생기로 살아나기를 간구합니다. 속사람과 겉사람의 뼈와 관절이 견고해져서 다섯이 백을 쫓고 백이 만을 쫓는 주의 강한 군사가 되길 원합니다.

주님, 아이의 뼈가 시기나 근심으로 썩거나 마르지 않도록 돌봐주세요. 누군가의 뼈를 마르게 하는 거친 말을 하지 않도록 그 입술을 지켜 주세요. 아이가 주리고 괴로워하는 자들을 돌봄으로 인하여 "네 뼈를 견고하게 하리니 너는 물 댄 동산 같겠고 물이 끊어지지 아니하는 샘 같을 것이라"고 하신 주의 약속을 받아 누리게 해주세요.

아이에게 연골과 같이 겸손과 온유로 무장된 부드러운 성품을 주셔서 다툼을 피하고 오래 참음으로 사랑 가운데 용납하는 자가 되게 해주세요. 딱딱하고 거친 자리에서도 잘 견디어 사방을 조화롭게 하는 자가 되게 해주세요.

아이가 회칠한 무덤 같은 자들에게 관절과 골수를 찔러 쪼개는 주의 말씀을 담대히 전하게 해주세요. 죄로 인해 얼굴이 숯보다 검고 마른 뼈밖에 없는 자들을 하나님 아버지의 마음으로 바라보게 해주세요. 그들에게 복음을 전하고자 하는 마음이 골수에 사무치게 해주세요.

주님, 아이의 골수가 주의 보혈로 채워져 모든 장기를 보호하고 못이 단단한 곳에 박힘 같이 견고해지게 해주세요. 골수와 기름진 것을 먹음과 같이 아이의 영혼이 만족함을 느끼게 해주시고, 아버지 집에서 귀히 쓰임받는 그릇이 되게 해주세요. 아이가 주의 생기로 일어난 군대가 되어 나라를 위해 기도하게 해주시고, 연약한 민족에게 복음을 나르는데 사용해주세요.

보혈 의지하여 예수님의 이름으로 기도합니다. 아멘.

이에 내가 그 명령대로 대언하였더니 생기가 그들에게 들어가매 그들이 곧 살아나서 일어나 서는데 극히 큰 군대더라. 겔 37:10

스스로 지혜롭게 여기지 말지어다 여호와를 경외하며 악을 떠날지어다 이것이 네 몸에 양약이 되어 네 골수를 윤택하게 하리라. 잠 3:7-8

평온한 마음은 육신의 생명이나 시기는 뼈를 썩게 하느니라. 잠 14:30

마음의 즐거움은 양약이라도 심령의 근심은 뼈를 마르게 하느니라. 잠 17:22

주린 자에게 네 심정이 동하며 괴로워하는 자의 심정을 만족하게 하면 네 빛이 흑암 중에서 떠올라 네 어둠이 낮과 같이 될 것이며 여호와가 너를 항상 인도하여 메마른 곳에서도 네 영혼을 만족하게 하며 네 뼈를 견고하게 하리니 너는 물 댄 동산 같겠고 물이 끊어지지 아니하는 샘 같을 것이라. 사 58:10-11

하나님의 말씀은 살아 있고 활력이 있어 좌우에 날선 어떤 검보다도 예리하여 혼과 영과 및 관절과 골수를 찔러 쪼개기까지 하며 또 마음의 생각과 뜻을 판단하나니. 히 4:12

내가 다시는 여호와를 선포하지 아니하며 그의 이름으로 말하지 아니하리라 하면 나의 마음이 불붙는 것 같아서 골수에 사무치니 답답하여 견딜 수 없나이다. 렘 20:9

못이 단단한 곳에 박힘 같이 그를 견고하게 하리니 그가 그의 아버지 집에 영광의 보좌가 될 것이요. 사 22:23

부모를 안아주는
단비 축복

저희 가정을 견고히 세우시는 주님,
사랑하는 자녀를 위하여 부르짖는 저를 축복해주세요.
해가 갈수록 연약해지는 제 뼈와 관절을 강하게 해주
시고, 통증이 있는 모든 부분을 어루만져 주세요. 저희
가정에 주의 생기를 부으사 영적으로, 육적으로 죽어
가는 모든 부분이 살아나게 해주세요. 예수님의 이름
으로 기도합니다. 아멘.

나의 사랑하는 자녀야

네 뼈를 마르게 하는 심령의 근심이 무엇이냐
나의 평안을 너에게 주노라
그 평안은 세상이 주는 것과 같지 아니하니
이제 마음에 근심하지도 두려워하지도 말아라

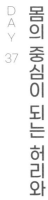

DAY
37

몸의 중심이 되는 허리와 배

자녀가 흔들림 없이 서 있길 기도합니다

허리에 띠를 띠고 등불을 켜고 서 있으라. 누가복음 12:35

14세기 벨기에의 레이놀즈 공작 3세는 '크래서스'(뚱뚱한)라는 별명이 붙을 정도로 비대한 사람이었습니다. 그는 동생 에드워즈의 반역으로 니우커크 성에 갇히는데, 그때 동생이 갇힌 방에서 나오면 권력과 재산을 회복시켜주겠다고 형에게 제안합니다. 그 방은 여느 평범한 방과 같았지만 레이놀즈는 살을 빼지 않는 한 그 문을 나올 수 없었습니다. 동생은 매일 맛난 음식을 방에 넣어 주었고 형은 더욱 비대해져갔습니다. 사람들은 동생을 비난했지만 그는 "형은 옥에 갇힌 죄수가 아닙니다. 원하면 언제든지 나올 수 있습니다"라고 대답했습니다. 십년 후, 에드워즈가 전쟁에 나가 죽자 레이놀즈는 자유의 몸이 되었습니다. 그러나 그는 곧 건강 악화로 죽고 맙니다. 형은 식욕에 사로잡힌 죄수였고, 동생은 권력에 사로잡힌 죄인이었습니다.

사탄은 세상의 달콤한 것들로 우리를 유혹합니다. 그 계략을 모르면 죄의 독이 들어간 음식으로 배를 채우게 되고, 배가 신이 된 자들의 끝은 멸망입니다. 오늘도 주님은 "허리에 띠를 띠고 등불을 켜고 서 있으라", "지혜 있고 진실한 청지기가 되어 주인에게 그 집 종들을 맡아 때를 따라 양식을 나누어 줄 자가 누구냐"고 하시며 그분의 일을 맡길 자를 찾으십니다. 우리의 자녀들이 허리에 띠를 띠고 등불을 켜고 굳게 선 주의 청지기가 되길 소망합니다. 의의 일꾼과 광명의 천사로 가장한 사탄의 거짓에 속지 않고 진리로 허리 띠를 띠고 굳게 서 있기를 원합니다.

진실한 청지기를 찾으시는 주님,

사랑하는 자녀가 진실한 청지기처럼 맡은 일을 신실하
고 지혜롭게 해낼 수 있기를 원합니다. 학생의 때에는
배움으로, 일터에서는 성실함과 탁월함으로 잘 감당하
게 해주세요.

아이가 자신의 배를 위해 사는 자들의 끝이 멸망임을
명심하고, 땅의 것으로 잠시 배부르고 만족하는 삶을
경계하게 해주세요. 자신이 하늘의 시민권을 가진 복된
신분임을 잊지 않고, 영원히 목마르지 않는 생수로 그
배를 채우게 해주세요. 아이에게 단단한 음식을 소화시
킬 수 있는 장성한 속사람의 배를 허락하사 동산의 샘
과 같이 풍요를 나르는 생수를 내고, 우물과 같이 마른
목을 축이게 해주세요.

주님, 아이에게 영육간의 강한 허리를 주셔서 모든 일
을 힘 있게 감당하게 해주세요. 몸의 중심인 허리를 망
가트리는 나쁜 습관을 들이지 않고 규칙적으로 운동을
하게 해주세요. 허리의 뼈와 근육이 단련되어 평생 통
증이 없게 해주세요.

아이가 야곱처럼 자신의 의지와 고집을 꺾어 주님만 의뢰하게 해주세요. 가슴을 치며 죄인임을 고백한 세리처럼 세상의 이치에 밝은 계산법이 아닌, 하나님 나라의 셈법을 배우고 익히게 해주세요. 불의한 재물이 아닌, 정직한 재물로 풍부한 소유를 얻고 나누며 누리게 해주세요.

아이가 주님이 찾으시는 지혜 있고 진실한 청지기로서 주인 되시는 주님의 마음을 기쁘게 하고, 허리에 띠를 띠고 등불을 켜고 서서 주님이 다시 오실 날을 깨어 준비하게 해주세요. 허리에 칼을 찬 용사처럼 나아가게 해주세요.

보혈 의지하여 예수님의 이름으로 기도합니다. 아멘.

주인이 와서 깨어 있는 것을 보면 그 종들은 복이 있으리로다 내가 진실로 너희에게 이르노니 주인이 띠를 띠고 그 종들을 자리에 앉히고 나아와 수종들리라 … 주께서 이르시되 지혜 있고 진실한 청지기가 되어 주인에게 그 집 종들을 맡아 때를 따라 양식을 나누어 줄 자가 누구냐. 눅 12:37,42

그들의 마침은 멸망이요 그들의 신은 배요 그 영광은 그들의 부끄러움에 있고 땅의 일을 생각하는 자라 그러나 우리의 시민권은 하늘에 있는지라 거기로부터 구원하는 자 곧 주 예수 그리스도를 기다리노니. 빌 3:19-20

나를 믿는 자는 성경에 이름과 같이 그 배에서 생수의 강이 흘러나오리라 하시니. 요 7:38

단단한 음식은 장성한 자의 것이니 그들은 지각을 사용함으로 연단을 받아 선악을 분별하는 자들이니라. 히 5:14

여호와의 말씀이니라 띠가 사람의 허리에 속함 같이 내가 이스라엘 온 집과 유다 온 집으로 내게 속하게 하여 그들로 내 백성이 되게 하며 내 이름과 명예와 영광이 되게 하려 하였으나 그들이 듣지 아니하였느니라. 렘 13:11

그런즉 여호와께서 너를 그 지으신 모든 민족 위에 뛰어나게 하사 찬송과 명예와 영광을 삼으시고. 신 26:19

용사여 칼을 허리에 차고 왕의 영화와 위엄을 입으소서. 시 45:3

이 복음을 위하여 그의 능력이 역사하시는 대로 내게 주신 하나님의 은혜의 선물을 따라 내가 일꾼이 되었노라. 엡 3:7

부모를 안아주는
단비 축복

나의 힘이 되시는 주님,

사랑하는 자녀를 위하여 부르짖는 저를 축복해주세요.

저를 주의 것으로 배불리 먹여 주세요. 주님, 인생에서

허리를 동이고 살아야 할 일들이 왜 이리 많은지요. 제

허리를 주의 힘으로 띠 띠우사 가정과 이웃, 교회를 잘

섬기게 해주세요. 몸의 중심이 무너지지 않도록 제 허

리를 강하게 붙들어 주세요. 예수님의 이름으로 기도

합니다. 아멘.

나의 사랑하는 자녀야

띠가 사람의 허리에 동여지듯이
나는 너를 내게 단단히 동여매어
너로 하여금 내 이름을 빛내게 할 거란다

어떤 힘에도 밀리지 않는 허리와 가슴

자녀에게 전신갑주를 입혀 주시길 기도합니다

끝으로 너희가 주 안에서와 그 힘의 능력으로 강건하여지고
마귀의 간계를 능히 대적하기 위하여
하나님의 전신갑주를 입으라. 에베소서 6:10-11

군에 입대하면 그때부터 맹렬한 훈련이 시작됩니다. 훈련을 통해 군인이 될 자를 가려내는 것이 아니라, 전쟁을 치를 군인으로 길러야 하기 때문입니다. 하나님의 자녀도 이와 같습니다. 하나님은 노예생활을 청산하고 소망 가운데 출애굽의 시간을 맞은 이스라엘 백성을 향해 '여호와의 군대'라고 부르십니다. 그 이유는 그들의 목적지가 치열한 전쟁을 치러야 할 가나안이었기 때문입니다. 오늘날도 이와 같습니다. 우리 삶의 목적지는 이 땅이 아닌 하나님이 계신 영원한 도성입니다. 주님은 영원한 도성에 이를 때까지 전신 갑주를 입고 우리의 연약한 부분에 화전을 쏘아대는 마귀를 이기라고 하십니다. 그리고 이를 위해 장비를 능숙하게 다루는 숙련된 솜씨를 갖추도록 훈련시키십니다.

하나님은 우리와 사랑하는 자녀들이 주가 십자가에서 이루신 구원의 투구를 쓰고 끊임없이 고소하는 마귀의 정죄를 의의 흉배를 입고 물리치길 원하십니다. 고대에는 내장에서 감정이 흘러나온다고 믿었기에 이는 자신의 감정에 이끌리지 말고 주님의 의로 무장하여 굳게 서라는 뜻입니다. 또한 그분의 통치 아래 거하며 진리의 허리띠를 동여매고 말씀의 검과 평안의 복음의 신을 신길 원하십니다. 믿음의 방패를 가지고 악한 자의 불화살을 소멸하길 원하십니다. 그때 우리는 전쟁 가운데 쓰러지지 않을 뿐 아니라 전쟁이 끝난 후에도 굳건히 설 수 있을 것입니다.

우리의 대장되신 주님,

사랑하는 자녀가 믿음의 삶을 살아갈 때에 치열한 영적
전쟁이 있음을 알기를 원합니다. 그 전쟁에서 승리하기
위하여 아이의 마음에 담기고 생각에 기록된 주의 말씀
이 익숙해지고 능숙해지도록 훈련시켜 주세요.

아이가 늘 주님 안에 거하며 그 능력으로 강건하여지길
원합니다. 마귀의 간계를 능히 대적하는 하나님의 전신
갑주를 취하길 원합니다. 아이가 구원받은 주의 자녀임
을 확신함으로 구원의 투구를 쓰고, 십자가와 말씀으로
무장한 가슴을 가지고 모든 유혹을 이기게 해주세요.

아이를 끊임없이 고소하는 마귀의 정죄로부터 그리스
도의 의로 무장된 의의 호심경을 입혀 주세요. 진리로
허리 띠를 띠고 주의 다스림을 받게 해주세요. 마음의
허리를 동이고 주께서 주실 더 크고 부요한 하늘의 은
혜를 온전히 바라게 해주세요.

평안의 복음이 준비한 것으로 신을 신고 믿음의 종착지
를 향해 절제하고 집중해서 걷는 걸음을 허락해주세요.

하나님을 신뢰함으로 믿음의 방패와 성령의 검, 곧 하
나님의 말씀을 가지고 시시때때로 쏘아대는 마귀의 불
화살을 소멸하게 해주세요.

자녀가 성령 안에서 항상 깨어 기도할 수 있도록 인도
해주세요. 죄와 피 흘리기까지 싸우는 용기를 주시고,
끝까지 보호해주시는 주님을 신뢰하게 해주세요.

아이가 그리스도의 강한 군사가 되어 주의 복음이 전해
지는 일에 사용되길 원합니다.

보혈 의지하여 예수님의 이름으로 기도합니다. 아멘.

더 깊은 기도로 이끄는
단비 말씀

끝으로 너희가 주 안에서와 그 힘의 능력으로 강건하여지고 마귀의 간계를 능히 대적하기 위하여 하나님의 전신 갑주를 입으라 우리의 씨름은 혈과 육을 상대하는 것이 아니요 통치자들과 권세들과 이 어둠의 세상 주관자들과 하늘에 있는 악의 영들을 상대함이라 그러므로 하나님의 전신 갑주를 취하라 이는 악한 날에 너희가 능히 대적하고 모든 일을 행한 후에 서기 위함이라 그런즉 서서 진리로 너희 허리 띠를 띠고 의의 호심경을 붙이고 평안의 복음이 준비한 것으로 신을 신고 모든 것 위에 믿음의 방패를 가지고 이로써 능히 악한 자의 모든 불화살을 소멸하고 구원의 투구와 성령의 검 곧 하나님의 말씀을 가지라 모든 기도와 간구를 하되 항상 성령 안에서 기도하고 이를 위하여 깨어 구하기를 항상 힘쓰며 여러 성도를 위하여 구하라 또 나를 위하여 구할 것은 내게 말씀을 주사 나로 입을 열어 복음의 비밀을 담대히 알리게 하옵소서 할 것이니. 엡 6:10-19

내 법을 그들 마음에 두고 그들의 생각에 기록하리라. 히 10:16

너희가 죄와 싸우되 아직 피 흘리기까지는 대항하지 아니하고. 히 12:4

그러므로 너희 마음의 허리를 동이고 근신하여 예수 그리스도께서 나타나실 때에 너희에게 가져다 주실 은혜를 온전히 바랄지어다. 벧전 1:13

근신하라 깨어라 너희 대적 마귀가 우는 사자 같이 두루 다니며 삼킬 자를 찾나니. 벧전 5:8

그런즉 너희는 하나님께 복종할지어다 마귀를 대적하라 그리하면 너희를 피하리라. 약 4:7

부모를 안아주는
단비 축복

세상을 이기신 주님,
사랑하는 자녀를 위하여 부르짖는 저를 축복해주세요.
이 악한 날에 하나님의 전신 갑주를 입혀 주셔서 원수
들과 싸워 승리하게 해주세요. 저희 가정이 굳건한 믿
음으로 우는 사자와 같이 삼킬 자를 찾는 마귀를 대적
하게 해주시고 어떠한 틈도 주지 않게 해주세요. 예수
님의 이름으로 기도합니다. 아멘.

나의 사랑하는 자녀야

이 악한 날에 전신 갑주를 입고 끝까지 싸워나가라
많은 환난을 믿음과 소망과 사랑으로 이겨나가라
최후 승리를 얻는 그 날에
내가 빛나고 깨끗한 흰 옷을 입혀 주리라

온몸의 무게를 감당하는 발

자녀의 발이 믿음으로 이 땅을 밟길 기도합니다

내가 선한 싸움을 싸우고 나의 달려갈 길을 마치고
믿음을 지켰으니 이제 후로는 나를 위하여
의의 면류관이 예비되었으므로. 디모데후서 4:7-8

성경에는 단 몇 줄로 기록되어 있지만, 하나님의 약속이 이루어지는 자락마다 등장하고 퇴장하며 주의 일을 행한 이들이 있습니다. 주님의 시신을 거두어 장사한 아리마대 사람 요셉, 과부로 지내며 평생을 주의 성전에서 섬기며 주의 백성을 돌본 여선지자 안나, 중풍병자의 발이 되어 준 네 명의 친구들, 다윗의 용사들, 사도 바울의 동역자들, 성경 곳곳에 나오는 여인들과 다양한 이들이 그러합니다. 늘 그들의 수고와 희생이 귀하게 다가옵니다.

몸의 지체 중에도 이와 같은 곳이 있습니다. 발은 몸의 가장 아래에 있고 쉽게 더러워지기에 그리 눈에 띄지 않지만, 인간의 활동과 주요한 일을 행함에 있어 없어서는 안 될 아주 요긴한 지체입니다.

두드러지는 얼굴이나 말을 하는 입, 일을 하는 손과 같진 않지만, 늘 묵묵히 온몸을 받쳐 주며 다른 지체를 돋보이게 하는 발의 역할이 참 아름답습니다. 우리의 자녀들이 평범한 삶을 살아갈지라도 머무는 그곳에서 주의 뜻을 성실히 준행해나가길 소망합니다. 바알에게 무릎 꿇지 않은 7천 명의 거룩한 자들처럼 주님께 발견되어지길 간구합니다.

우리의 걸음을 지켜 주시는 주님,

사랑하는 자녀에게 주의 법을 따라 바르게 걷는 믿음의 발을 허락해주시길 간구합니다. 아이가 주를 경외함으로 말씀에 순종하고, 주의 길을 따라 좌우로 치우치지 않고 나아가게 해주세요.

아이에게 불의와 타협하지 않는 구별된 발, 악인의 덫에 걸리지 않도록 주의하는 발, 조급하게 걷지 않는 발을 허락해주세요. 주의 길을 굳게 하며 악에서 멀어지는 발이 되게 해주세요. 그래서 실족하지 않고 미끄러지지 않으며 그 발 앞에 거치는 것이 없는 평안의 걸음을 걷게 해주세요.

아이가 주의 약속을 붙잡고 믿음으로 발을 떼며 주의 기적과 증거 위에 굳게 서게 해주세요. 물과 불 가운데를 지나도 해를 입지 않고, 광야를 지날지라도 발이 부르트지 않게 해주세요. 주께서 예비하신 윤택한 곳으로 들어가게 해주세요.

주님, 주의 뜻 가운데 하루를 살며 맡겨진 일과들을 온전히 끝내는 성실한 발을 허락해주세요. 날마다 주께로 더 가까이 나아가는 발이 되게 해주세요. 정결하고 깨끗한 발, 하나님의 공의로 세상을 정복하는 발이 되게 해주세요. 밟는 모든 곳에서 주를 예배하고, 높은 곳을 밟는 아이가 되게 해주세요.

아이에게 포기하지 않고 믿음의 경주를 완주하는 선한 종의 발을 허락해주세요. 주의 마음 있는 곳에 머무르는 충성된 발, 주와 기쁘게 동행하는 복된 발, 믿음의 길을 내는 순종의 발이 되게 해주세요.

보혈 의지하여 예수님의 이름으로 기도합니다. 아멘.

더 깊은 기도로 이끄는
단비 말씀

네 하나님 여호와께서 이 사십 년 동안에 네게 광야 길을 걷게 하신 것을 기억하라 이는 너를 낮추시며 너를 시험하사 네 마음이 어떠한지 그 명령을 지키는지 지키지 않는지 알려 하심이라 … 이 사십 년 동안 네 의복이 해어지지 아니하였고 네 발이 부르트지 아니하였느니라 너는 사람이 그 아들을 징계함 같이 네 하나님 여호와께서 너를 징계하시는 줄 마음에 생각하고 네 하나님 여호와의 명령을 지켜 그의 길을 따라가며 그를 경외할지니라. 신 8:2,4-6

사람이 숯불을 밟고서야 어찌 그의 발이 데지 아니하겠느냐. 잠 6:28

발이 급한 사람은 잘못 가느니라. 잠 19:2

나의 걸음이 주의 길을 굳게 지키고 실족하지 아니하였나이다. 시 17:5

내가 모세에게 말한 바와 같이 너희 발바닥으로 밟는 곳은 모두 내가 너희에게 주었노니 … 오직 강하고 극히 담대하여 나의 종 모세가 네게 명령한 그 율법을 다 지켜 행하고 우로나 좌로나 치우치지 말라 그리하면 어디로 가든지 형통하리니. 수 1:3,7

우리가 불과 물을 통과하였더니 주께서 우리를 끌어내사 풍부한 곳에 들이셨나이다. 사 66:12

내가 지혜로운 길을 네게 가르쳤으며 정직한 길로 너를 인도하였은즉 다닐 때에 네 걸음이 곤고하지 아니하겠고 달려갈 때에 실족하지 아니하리라 … 좌로나 우로나 치우치지 말고 네 발을 악에서 떠나게 하라. 잠 4:11-12,27

주께서 택하시고 가까이 오게 하사 주의 뜰에 살게 하신 사람은 복이 있나이다. 시 65:4

부모를 안아주는
단비 축복

발이 미끄러지지 않도록 붙들어 주시는 주님,
사랑하는 자녀를 위하여 부르짖는 저를 축복해주세요.
제 발이 미끄러지지 않도록 붙들어 주세요. 제가 믿음
의 길을 내는 하루하루를 살아가며 아이가 따르기에
부끄럽지 않은 삶을 살아가게 해주세요. 오늘도 주님
과 동행하는 아름다운 발자국을 남기길 소망하며 예수
님의 이름으로 기도합니다. 아멘.

나의 사랑하는 자녀야

나는 네 발을 암사슴 발처럼 빠르게 하고
너를 높은 곳에 안전하게 세울 거란다
나는 네가 힘차게 걷도록 힘을 주고
발을 잘못 디디지 않도록 인도할 거란다

목적지를 잃지 않는 발

자녀가 좁은 길을 걸으며 생명을 얻길 기도합니다

좁은 문으로 들어가라
멸망으로 인도하는 문은 크고 그 길이 넓어
그리로 들어가는 자가 많고 생명으로 인도하는 문은
좁고 길이 협착하여 찾는 자가 적음이라. 마태복음 7:13-14

우리는 아이의 마음을 보지 못하지만 아이의 발을 통해 그 마음을 느낄 수 있습니다. 아이의 발걸음이 향하는 곳, 발길이 머무는 바로 그곳이 아이의 마음이 어디를 향해 있는지 알려 주고 그의 믿음을 보여 주기 때문입니다. 세상의 길은 두 갈래로 나뉘어져 있습니다. 그것은 '좁은 길'과 '넓은 길'입니다. 좁은 길은 생명으로 인도하지만 좁고 협착한 길이요, 넓은 길은 크고 넓어서 걷기 편하지만 멸망으로 향하는 길입니다.

제가 아이에게 자주 들려주는 말이 있습니다. "좁은 길의 끝이 환히 보이면 주저하지 않고 그 길을 걸어가겠지만, 그 끝이 쉽게 보이지 않으니 우리 믿음으로 걸어가도록 힘쓰자." 그럼에도 주를 의지하며 걷다 보면 조금씩 가까워지는 좁은 길의 영광으로 인하여 우리는 힘을 낼 수 있습니다.

우리 자녀들의 걸음이 생명의 좁은 길로 향하길 기도합니다. 미끄러지고 넘어질지라도 주의 명령하심을 따라 계속해서 믿음의 길을 걸어가기를 소원합니다. 주의 발아래 엎드려 그분의 발을 눈물로 적시는 향기로운 삶을 살아가기를, 자유의 신을 벗고 기꺼이 주의 종이 되어 복된 사랑의 소식을 전하는 복음의 전달자로 살아가기를 소망합니다.

광야에 길을 내시는 주님,

사랑하는 자녀가 주님이 걸어가신 길을 따르도록 인도해주시길 간구합니다. 이 땅에서 예수님이 하나님 아버지께 늘 기도드리고 순종하신 것처럼 저희 아이도 그 순종의 걸음을 걷게 해주세요. 하나님께 순복하는 무릎, 이웃과 민족을 향한 기도의 무릎을 허락해주세요.

아이가 고난을 당할지라도 세상에 무릎 꿇지 않는 옛 선진들처럼 자신의 믿음을 지키게 해주세요. 기도와 예배의 자리를 거룩하게 여기고 나아가게 해주세요. 경외하는 마음과 바른 태도로 늘 주 앞에 서게 해주세요. 주께 자신의 권리를 내어드리고 주께서 쓰시기에 편한 종의 발이 되게 해주세요. 거칠고 더러워진 발을 닦아 주고 연약한 무릎을 세우는 자가 되게 해주세요.

하나님의 사랑으로 세상을 정복하는 발이 되게 해주세요. 그 발이 머무는 곳마다 주의 이름이 선포되고, 예비하신 귀한 만남의 축복을 누리게 해주세요. 믿음으로 살고 믿음으로 걷는 발이 되어 좁은 길일지라도 담대히 나아가게 해주세요. 좋은 소식을 전하는 아름다운 발,

원수된 것을 헐고 평화와 회복을 내는 걸음이 되게 해주세요.

주님, 아이의 걸음을 넓혀 주셔서 주의 복음과 사랑을 모든 민족에게 전하게 해주세요. 뱀과 전갈을 밟으며 원수의 모든 능력을 제어할 권능을 가진 발을 경험하게 해주세요. 사막에 길을 내는 발, 영혼들이 주께 돌아와 걷게 될 거룩한 길을 준비하는 발을 허락해주세요.

아이의 발이 상하지 않고, 온몸을 지탱함에 있어 피곤이 쌓이지 않도록 지켜 주세요. 어디를 가든 넘어지지 않고 똑바로 걷게 해주세요. 건강하고 튼튼한 발로 슬픔과 탄식이 없는 나라, 영원한 희락과 기쁨의 나라를 향하여 믿음의 길을 걸으며 주를 영화롭게 하고 영광 돌리게 해주세요.

보혈 의지하여 예수님의 이름으로 기도합니다. 아멘.

off

하나님이 이르시되 이리로 가까이 오지 말라 네가 선 곳은 거룩한 땅이니 네 발에서 신을 벗으라. 출 3:5

선한 행실의 증거가 있어 혹은 자녀를 양육하며 혹은 나그네를 대접하며 혹은 성도들의 발을 씻으며 혹은 환난 당한 자들을 구제하며 혹은 모든 선한 일을 행한 자라야 할 것이요. 딤전 5:10

좋은 소식을 전하며 평화를 공포하며 복된 좋은 소식을 가져오며 구원을 공포하며 시온을 향하여 이르기를 네 하나님이 통치하신다 하는 자의 산을 넘는 발이 어찌 그리 아름다운가. 사 52:7

기록된 바 오직 의인은 믿음으로 말미암아 살리라 함과 같으니라. 롬 1:17

이 천국 복음이 모든 민족에게 증언되기 위하여 온 세상에 전파되리니 그제야 끝이 오리라. 마 24:14

여호와여 이러므로 내가 이방 나라들 중에서 주께 감사하며 주의 이름을 찬송하리이다. 시 18:49

내가 너희에게 뱀과 전갈을 밟으며 원수의 모든 능력을 제어할 권능을 주었으니 너희를 해칠 자가 결코 없으리라. 눅 10:19

여호와의 속량함을 받은 자들이 돌아오되 노래하며 시온에 이르러 그들의 머리 위에 영영한 희락을 띠고 기쁨과 즐거움을 얻으리니 슬픔과 탄식이 사라지리로다. 사 35:10

다니엘이 이 조서에 왕의 도장이 찍힌 것을 알고도 자기 집에 돌아가서는 윗방에 올라가 예루살렘으로 향한 창문을 열고 전에 하던 대로 하루 세 번씩 무릎을 꿇고 기도하며 그의 하나님께 감사하였더라. 단 6:10

부모를 안아주는
단비 축복

믿음의 주요 온전케 하시는 주님,
사랑하는 자녀를 위하여 부르짖는 저를 축복해주세요.
제 평생에 주님의 뜻이 이루어지는 곳을 향하여 걸어
가길 원합니다. 아무리 그 길이 협착할지라도 믿음으
로 걸어가게 해주시고, 자녀들이 걸어야 할 길을 예비
하게 해주세요. 이 땅의 마지막 걸음을 떼고 주의 나라
에 이를 때에 기쁨으로 주를 뵙길 원하며 예수님의 이
름으로 기도합니다. 아멘.

나의 사랑하는 자녀야

아이에게 바른 길을 가르치면
늙어서도 그 길을 떠나지 않을 거란다
내가 곧 길이요 진리요 생명이니
내게로 와서 배우거라

하나님의 말씀으로 살리는 축복의 단비

자녀말씀기도문

초판인쇄 • 2021년 7월 7일
2쇄인쇄 • 2021년 11월 25일

지은이 • 권윤정

발행처 • 비홀드
등   록 • 2019년 8월 2일 제409-2019-000037호
주   소 • 경기도 김포시 월곶면 용강로57번길 86 B동 2호
전   화 • 070 4116 4550
이메일 • beholdbook@daum.net
인스타그램 • www.instagram.com/beholdbook

©권윤정, 2021
ISBN 979-11-967985-5-0
값 14,000원

Behold, I am coming soon! Rev 22:7,12

behold